日本史の謎は地政学で解ける

兵頭二十八

祥伝社黄金文庫

まえがき

日本国は南北にも東西にもずいぶんと広いので、転居や取材をするたびに「所変われば品変わる」を身をもって体験することができます。

あるとき千葉県の某図書館で「敗戦直後、進駐軍に見られてはまずいと思われる本を全部、天井裏へ隠したが、その後、書庫に戻した」という珍資料の数々を実見し、私はいたく興をそそられました。

独身フリーライターの気軽さで、さっそく「北海道から沖縄まで転々と引越ししながら、空襲などで焼けたことがない古い図書館に残っているはずの軍事系のレア史料を探索してみよう」と思い立ったのです。

それにつけても「歳をとればきっと寒さが身にこたえるはず」と気を回し、元気なうちに厳寒地から攻めようと、二〇〇二年末に北海道最古の図書館が所在する函館《はこだて》市に移り住みました。ですがそこで縁あって結婚したので、次の予定地だった青森県八戸《はちのへ》市には南下ができなくなっております。まあ人生、すべて計画通りには参りません。

私はミリタリー系のライターです。人が誰も気付かないことを発見するのが楽しみで、関連分野をできるだけ手広く考究《こうきゅう》してきました。

明治十年の西南《せいなん》戦争中に開発された「村田《むらた》歩兵銃」について調べていたときのことです。激戦があった熊本県の田原坂《たばるざか》を訪ねると、どうも地形的には何の変哲もない。通説は「大砲を引っぱって進める一本の道があったから、そこが攻防の焦点になった」というのですけれども納得しかねました。だって、西郷軍は野砲《やほう》を文字通りにバラバラに分解して人の背で担《かつ》ぎ、はるかに険しい大山嶽《だいさんがく》地帯を延々と鹿児島まで逃げ戻っているのですよ。大砲の路外機動に絶対の制約があったとは考えられないのです。

たまたま現地の資料館のパネル展示に、官軍が人力車をたくさん雇いあげて小銃弾薬を前線まで運搬させていたことを伝える当時の記録が紹介されていまして、私は「これだ！」と悟ることができました。

近代戦に必要となる弾薬の量は厖大《ぼうだい》です。大砲の重さの何十倍にもなります。多数の荷車でなくては補給は継続させられない。だから官軍は既存の一本の道路にどうしてもこだわるしかなく、それで、守るほうも時間を稼ぎやすかったのでしょう。

明治二年に箱館《はこだて》北郊の「二股口《ふたまたぐち》」で、山中の細道を攻め寄せてきた官軍部隊が、土方歳《ひじかたとし》三《ぞう》の指揮するわずかな人数の守備隊に前進を阻止されてしまいましたのも、単純に、小銃弾薬の準備量の差が原因なのです。

土方部隊は事前に用意した弾薬集積場から距離が近くて、ふんだんに小銃を発砲できましたが、攻める官軍は、数十キロも後方の上陸地点から歩兵が山道をじぶんで携行してきたわずかな弾薬を射ち尽くしたら、もう補給が来ないのです。苦戦したのは当然でしょう。にもかかわらず、それでは庶民が面白くないと思うのか、いまだに「土方＝名将」説が語られています。

このたぐいの誤解を、本書が幾分でも訂正することができたなら……と念じています。

ところで一九一二年に英海軍の「スコット南極探検隊」が極点からの帰路で全滅（疲労凍死）しているのと、対英米戦争中の旧日本軍が南方でおびただしく「餓死」しているのは、原因が似ているのです。どちらも「距離」を舐《な》めていて、距離が補給をいかに苦しくするかについての「懼《おそ》れ」に欠けたところがありました。

もしこれが米国人やロシア人だったならば、スコット隊や旧日本軍のような無謀は冒《おか》すものではないでしょう。大陸を開拓してきた人々は、距離の怖さと、補給が生死を左右する仕組みを身にしみて理解しているからです。

旧ソ連軍が「北海道に上陸作戦を試みるだろう」などという冷戦中の想定は、ロシア人を知らない「地政学音痴」な論議でした。そして残念ながら、いまの外務省幹部にも「補給戦」と「遠征戦」のセンスは欠けていて、しばしばロシア側を混乱させる愚かなメッセージを発して、結果的に北方領土交渉を解決から遠ざけているように見受けるのです。

保守系雑誌が「ソ連軍は一九八五年に北海道に上陸するだろう」と書いていたのを信じて八二年に陸上自衛隊に志願した私が、それから三〇年以上かけて摑《つか》んだリアルな「地政学」と日本史との関係を、これからご披露します。

兵頭《ひょうどう》二十八《にそはち》

日本史の謎は地政学で解ける　目次

装丁◎フロッグキングスタジオ
図版◎篠宏行

序章

西から東へ

おおむね日本という国は、西から東へ勢力が伸張して成り立った。このとき山がちの陸路より、海路が活用された。

たとえば九州方面から近畿に入るには、「太平洋沿岸ルート」「瀬戸内《せとうち》ルート」「日本海沿岸ルート」の三通りが考えられるが、中世までは、このうち瀬戸内ルートが発展し、「物流ハイウェイ」としての役目を担《にな》った。

西からやってきた天皇

「日向《ひむか》」を出た神武《じんむ》天皇の船団が、太平洋ではなく、わざわざ瀬戸内経由を選択したのには、当時の技術的な制約があった。神話のディテールは脚色ではあるが、すべてが何もないところからの創作というわけではない。それは、西から東へ向かう「人の移動」の実態を語るものだった。

天上の世界から、最初に南九州の火山帯高原に降り立った神がいた。その子孫である「神武天皇」が、そこ日向（神話は「ひむか」と読ませるが、後の「ひゅうが」と推定されている）の地から東進を開始した（「神武」は初代天皇への諡《おくりな》。ただし「天皇」という呼び方は奈良時代より以前にはなく、「神武東征《とうせい》」という言い方も後代につくられた）——。

そんな『日本書紀《にほんしょき》』および『古事記《こじき》』が伝えるわが国の官撰《かんせん》（官製）神話は、根も葉もない絵空事《えそらごと》なのだろうか？

おそらくは「米作農業知識人」を中核とし、その適地があった九州北部から支配地を拡張したはずの弥生人《やよい》が、瀬戸内を中心に広がっていた「やまと国」(いわゆるヤマタイ国)を長い年月をかけて「吸収合併」し、いまの奈良県に「大和朝廷《やまと》」と称した政府(以下、ヤマト政権)を立ちあげるまでの歴史を理念上、「ひとりの指導者による短期間の進撃」に仮託《かたく》したのだろう。

ディテールはもとより脚色だろう。だが、それまでに人々のあいだで「伝えられ、信じられた史実や経験」を、官撰神話も素材としてできるだけ採《と》りいれようとしたはずだ。まったくの作り話では、人々が尊重しなかっただろう。弥生人が大陸からやってくるずっと前の縄文人《じょうもん》たちの言い伝えも、神話にはきっと濃厚に混在し、圧縮されている。そう考えるのが自然だ。

神話によれば、神武天皇は、瀬戸内海を通っていまの大阪湾へ上陸を試みたところ、先住部族の抵抗が激しく、いったんは撃退されてしまった。そこで、あらためて紀伊《きい》半島の沿岸を南下。その東側の熊野灘《くまのなだ》まで回りこんだところ、こんどは上陸作戦が成功し、そこからついに、いまの奈良県を占領して支配できたという。

今日の大阪市は縄文時代には巨大な沼だった。水産物が楽に得られたところからその沿岸、とくに「上町台地《うえまち》」の原住民の数は異例に多く、かつその周囲には湿地がどこまでも広がっていて、地理不案内の神武天皇軍は陸戦のイニシアティヴをとることができずに、いったん退《しりぞ》いたのだろう。

では、どうして最初から四国の南側に沿って（瀬戸内海を通らずに太平洋を経由して）紀伊半島南部を目指さなかったのか？

じつは九州南部の日向灘《ひゅうが》からいまの静岡県が面する遠州灘《えんしゅう》にかけての、日本列島の南岸は、いちど難破したら生還が期《き》しがたい、舟艇《しゅうてい》にとってすこぶる恐ろしい海域なのだ。

恒常風である西風に、たまたま北風が加わり、船がひとたび陸岸から吹き離されてしまえば、沖合いには強い海流（黒潮）があって、どんどん伊豆《いず》諸島方面へ運ばれてしまう。その速さたるや、古代人の櫓櫂《ろかい》漕《こ》ぎで逆らうことなどとうてい無理だった。運よく伊豆諸島のどこかに乗りあげることができなければ、そのまま北太平洋を果てしなく漂流するのみ……。

たとえば平安文学にその名を残す紀貫之《きのつらゆき》は、任国《にんごく》であった土佐《とさ》から京都まで船で戻るのに、四国南西部の沿岸だけで七カ所も岸に碇泊《ていはく》を重ねている（『土佐日記』）。近世に帆船が洗練されるまで、太平洋とは、かぎりなく不吉な海だったのだ。

それゆえ古代近畿地方の先住部族たちも、九州を発した天皇の軍勢が危険な熊野灘へ回りこむとは予期せずに、防備の裏を掻《か》かれてしまったのかもしれない。

のちに神功《じんぐう》皇后が、近畿から九州北部を再平定《さいへいてい》する時にも、また「三韓征伐《さんかんせいばつ》」するための準備の段階でも、太平洋沿岸の航路は使われていない。一年を通じて遭難の危険が比較的に小さかった瀬戸内海こそ、日本の歴史的な「交通大動脈」であり、「物流ハイウェイ」だった。

神武東進ルート

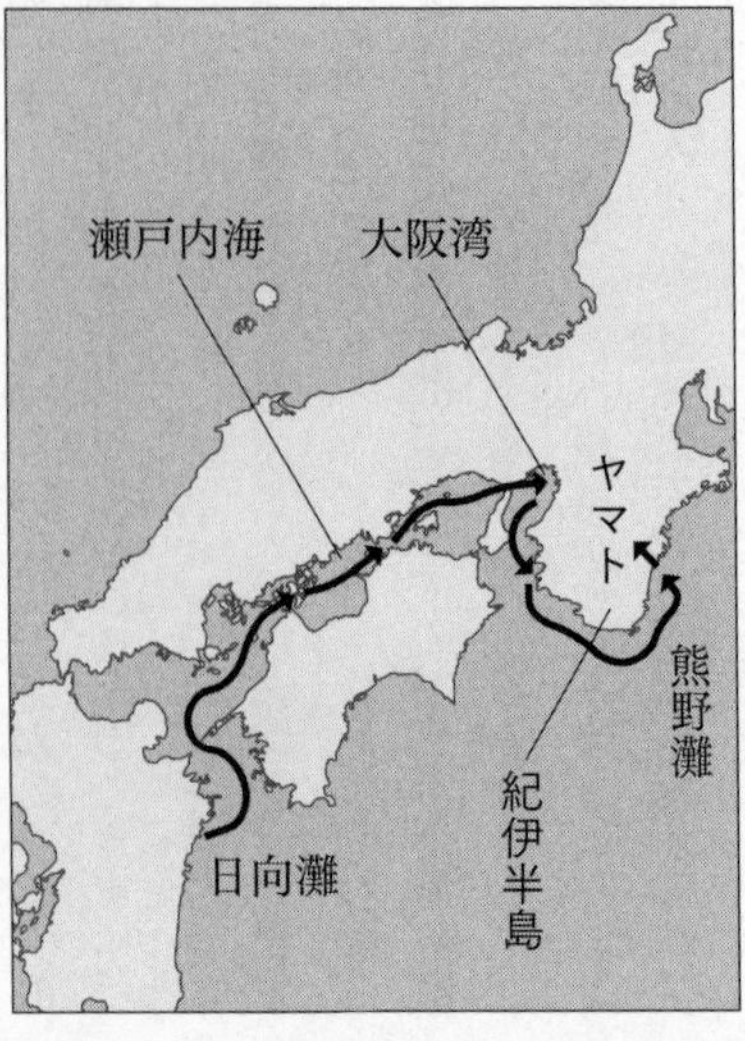

国外の第三勢力に対抗する

極東の島国である日本だが、国外勢力からの影響とはまったく無縁というわけにはいかなかった。敵対的外交は、戦争だけとは限らない。敵国を陥《おとしい》れるための、あらゆる謀略や政治工作がこれに含まれる。また、「敵の敵は味方」という地政学上のセオリーが有効だ。

いまの奈良県からスタートした日本の統一政権は、奈良や京都など近畿から鎌倉《かまくら》に移り、ふたたび近畿に戻ったものの、最後は江戸《えど》（東京）に落ち着いている。細かく見れば、行ったり来たりを重ねたが、長い目で巨視的《マクロ》にながめたなら、おおむね西から東へ移ったと総括できる。

これにももちろん、地政学的な理由があった。

およそすべての「支配と被支配」の関係は、「外側の第三勢力からの応援または工作」というファクターで、ひっくり返る可能性を秘めている。

たとえばヤマト政権は、しばしば九州の「小叛乱《はんらん》」を鎮定《ちんてい》しなければならなかった。それら九州の叛乱勢力は、大なり小なり、朝鮮半島にある第三勢力から応援（物心の援助）や工作（そそのかし）を受けている。今日の言葉におきかえるなら「間接侵略」だ。けれどもそれは、お互いさまであったのだ。

ヤマト政権もかなり早くから、朝鮮半島の諸勢力をさまざまに後援し、工作した。たとえば五世紀末以降の日本が、朝鮮半島北部に位置する高句麗《こうくり》をあれこれ援助し、強化してやっていれば、半島南部の新羅《しらぎ》は、とても南向きの対日戦争や対九州工作、あるいは任那《みまな》攻撃の余裕はなくなっただろう。

さらにそこには、大陸（魏晋六朝《ぎしんりくちょう》）のプレイヤーも干渉した。彼らからみれば、半島を併呑《へいどん》するためには、まず新羅を応援して百済《くだら》や高句麗を「挟撃《きょうげき》」（はさみうち）するのが省力的である。

しかしヤマト政権としては、それを傍観することはできない。なぜなら、もし半島が新羅によって統一されれば、次は大陸勢力と一体化した半島勢力が九州へ直接軍事的に侵攻したり、みちのくの蝦夷《えみし》の対中央叛乱をそそのかしたりしかねないからだ。

だから日本の統一政権の首都は、近隣外国に対するこちらからの工作に不便がないことと、外国から幇助《ほうじょ》された九州の叛乱に対処しやすいことと、みちのくの蝦夷が大陸勢力と気脈《きみゃく》を通じあわないようにできるだけ近くから見張っていられることと、万一の外部からの直接侵略の可能性までもを考えて、そのすべてにうまく備えられるように位置を定める必要があった（この問題については、次章で詳しく述べる）。

瀬戸内海が交通路や高速通信手段に使えるおかげで、ヤマト政権による九州叛乱の鎮定は、常に低コストで可能であった。大陸が隋《ずい》によって統一されたときは、新羅が高句麗を滅ぼせぬよう日本側から牽制《けんせい》しつづけ、隋に高句麗遠征をもよおさせて、その軍費の過重から、隋を自滅させた。

しかし次の唐朝《とうちょう》は、海軍力によって半島干渉を有利に進め、高句麗を弱め、新羅と合同して百済を滅亡させてしまう。ヤマト政権は首都を琵琶湖《びわこ》南西岸の大津《おおつ》まで後退させて、唐の海軍が瀬戸内に入ってくる事態に備えた。このときは、半島から秩序立って撤収した日本兵が唐軍に「強敵」の印象を与えていたおかげで、日本本土侵攻は企画されずにおわったのである。

鎌倉幕府は、当時の温暖気候に助けられて農業生産が急伸中だった「東国《とうごく》」に位置することが経済的に有利であり、かつまた、京都朝廷や寺社の心理工作の引力圏から離れることも好都合であった。

足利《あしかが》幕府は逆に、吉野《よしの》の南朝《なんちょう》と、気候寒冷化で農業が復調していた「西国《さいごく》」が「反政府」で結託《けったく》することを封《ふう》ずるため、京都に居座って見張りつづける必要があった。しかし、京都から九州に至る瀬戸内海経済圏は明《みん》朝からの政治工作に乗ぜられやすかった。

豊臣《とよとみ》政権は、こちらから攻めることで明朝の弱体化を誘導した。

徳川《とくがわ》幕府は、西洋海軍が気軽に近づけず、清《しん》朝の膨張にも目配りしやすい江戸を、動かなかった。

七世紀の東アジア

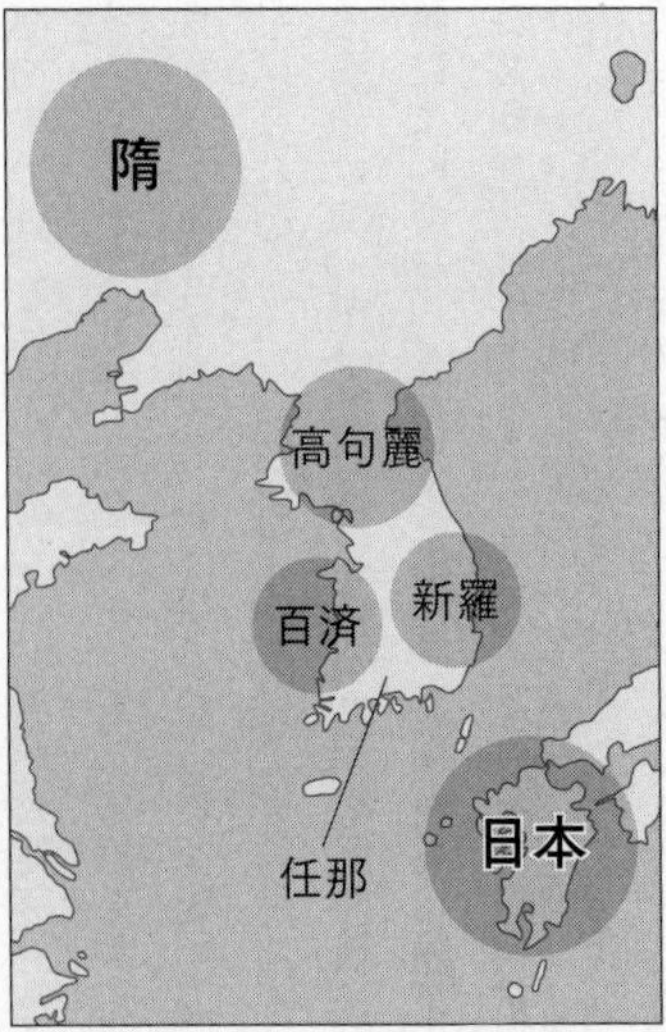

日本海沿岸ルートと瀬戸内《せとうち》ルート

地球儀を逆さにしてみると、より大陸に近い日本海こそ、古代日本の海上交通の中心だったのではないかと思えてくる。ところが日本海には、古代の航海技術では克服しえない厄《やっ》介《かい》な海象《かいしょう》（海流と季節風）がある。古来、日本は瀬戸内海を通るルートを発展させてきた。

古代の丹波《たんば》（のちの丹後《たんご》や若狭《わかさ》、いまの京都府北部から福井県西部にかけて）、あるいは敦賀《つるが》の海岸からは、わずかな陸行で琵琶湖までアクセスできた。ところが日本海側の沿岸航路は、瀬戸内海航路ほどには重要視されたわけではなさそうだ。

日本海側の越前《えちぜん》（いまの福井県東部）が出身地である異例の天皇・継体《けいたい》天皇の古墳（今城《いましろ》塚《づか》古墳、大阪府高槻《たかつき》市）の外周堤《がいしゅうてい》から一九九七年に大量の埴輪《はにわ》が出土した。その複数の男子像からは大陸北東部の風俗がみてとれ、継体天皇を支持して奈良盆地まで乗りこんできた日本海岸沿いの豪族たちの文化的バックグラウンドが、やや推理しやすくなっている。

今城塚古墳

六世紀前半のものとしては最大級の前方後円墳（写真 共同通信社）

つまり六世紀の日本海岸沿いの豪族たちは、大陸の文化的影響を受けていた。

日本海には、大きく反時計廻りの海流が常在する。対馬《つしま》海峡から能登《のと》半島にかけては暖流が東進。朝鮮半島の東岸では、寒流が南進している。この海流に乗れば、大陸と朝鮮の文物は簡単に西日本（出雲《いずも》地方）まで漂着するだろう。しかしその逆方向の渡航はめったに成功しない。

神功皇后は、近畿から九州まで半島遠征軍を前進させるのに、日本海沿岸を西進するルートと、瀬戸内海を西進するルートの両方を使っている。これは軍需品を小型の漕《こ》ぎ舟で集めて九州まで送る必要上、都合がよかったからである。日本海側では海流に逆らうコースだが、小さな漕ぎ舟ですこしずつ進んだのだろう。

大化《たいか》改新（六四五年）後の奥羽《おうう》平定作戦は、日本海側のほうが太平洋側よりも八〇年ほども前進ペースが速かった。これは近畿を起点とした日本海側の夏の沿岸航海が、西から東へゆっくりと進む場合には、まだ太平洋沿岸コースよりも具合がよかった（難破の危険が小さかった）ことを示唆《しさ》している。ただし周年《しゅうねん》（年じゅう）安定した往来が可能な瀬戸内ルートとは違って、この日本海沿岸ルートは夏季しか使えない。

概して日本海は、夏は波も立たず、すこぶる穏やかだが、冬は沿岸であっても、風・波ともに過酷だ。これは風向と海流がくいちがうためだ。

ごく小さな舟艇なら緊急に河口の砂浜にでも引き揚げてしまえばよいけれども、吃水《きっすい》（船体の水面下にある高さ）の深い大型船や、うまく風波をしのげる「舟隠し」がみつからない磯の続く海岸（これを「なだ」という）では、冬の強い北西風に押された船舶は海岸に擱坐《かくざ》（座礁）し、打ち寄せつづける激浪《げきろう》のために破壊される。

ちなみに明治元年（一八六八）旧暦十一月、最新鋭だった二八〇〇トンのオランダ製スクリュー式蒸気軍艦「開陽《かいよう》」すらも、日本海の海象には勝てず、江差《えさし》海岸で全損している。

だから地球が温暖化していた縄文時代には小型の漕ぎ舟によって「環日本海」海岸のいたるところが交易場となって自然に栄えていたけれども、地球が寒冷化すると、瀬戸内海の一年を通じた輸送の利便性とはとても競争など成り立たなくなった。

日本海岸から琵琶湖まで運漕《うんそう》が可能な一貫水路が存在しないことが、ヤマト政権時代以降の日本海岸経済の発展を遅くした。福井と滋賀の県境にある山脈は、近代以前の土工技術によって運河を開削《かいさく》するには高すぎた。せめて牛馬が荷車を曳《ひ》いて通れるぐらいの峠道《とうげ》が整備されていたら、話は違ったかもしれないが……。

古代日本の二つの海上ルート

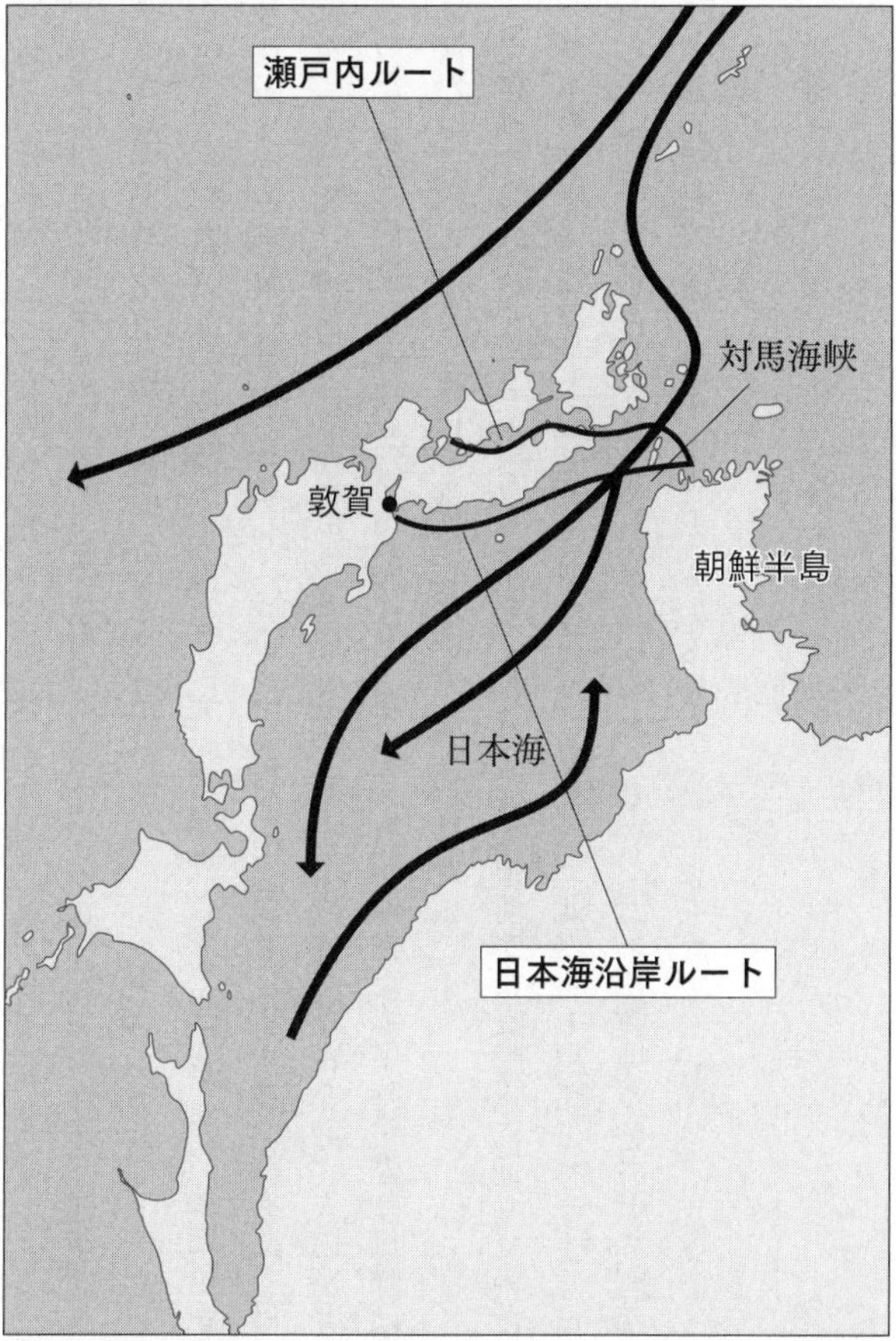

大陸側から見ると、日本海もひとつの内海のようだ

古代の出雲文化は、長野県南部の諏訪湖《すわ》周辺に飛び地のように残ったとされる。これも昔は、諏訪湖から新潟の海岸にそそぐ糸魚川《いとい》河口まで長い谷に沿った陸路で連絡が可能だったことが関係あるのにちがいない。

しかし、そうした陸路の「駄載《ださい》」（馬の背に乗せ運搬）で日本海沿岸域から琵琶湖まで細々と運搬できる物資の量となると、たとえば淀《よど》川河口（難波津《なにわのつ》）から山崎《やまざき》もしくは伏見《ふしみ》まで舟艇によって一挙に運べる物資の量とは、とうてい比較にもならない。人口が非常に少なかった石器時代ならばともかく、稲作によって人口が増えた弥生時代より以降は、陸送の物流だけではとても一都市を維持しがたくなったのだ。

もし琵琶湖から敦賀までを、水量豊かで流れの緩《ゆる》い大運河が奈良時代に通じていたとしたら、日本の歴史はガラリと変わっていたろう。京都は、北からも侵略されやすくなるので、あるいは政治首都としては放棄されたかもしれない。が、滋賀県や福井県の経済発展は、中世から現代まで、きっとめざましいものとなったにちがいない。

一章

せめぎあう西と東

——なぜ、そこに日本の中心が置かれたか？

西から来た勢力がいったん畿内《きない》に中心を置くことで、東西に細長い列島は、「西国」――「中央」（畿内）――「東国」と、大きく三つに分けられた。

畿内に中心が置かれた期間は長く続くが、時代が下るにつれ、その中心軸は東へ移っていく。それはなぜなのか？

宮都《きゆうと》や幕府の行政首都の移動を考えることは、日本史の謎を解く鍵となる。

「遠《とお》の朝廷《みかど》」大宰府《だざいふ》

九州北部は、大陸や半島から最短の距離にある経済的な要地である一方、外国からの攻撃にさらされやすい。またもし、本州に外国勢力の拠点がつくられた場合、九州からでは討伐が随意でない。「近い」ということは、メリットとデメリットの双方をともなう。

東アジアへの玄関口にあたり、『万葉集《まんようしゅう》』の中で「遠の朝廷」とまで称された大宰府が、一度も日本の首都にならなかったのは、どうしてだろうか?

もしも、通常の日本列島とその周辺に、東から西へと向かう穏やかな風しか吹くことがなく、かつまた、日本列島を洗う潮流も、大きく東の太平洋から西の大陸へ向かってゆっくりと衝突しつづけるだけ――、そのような安定した気象環境があったと仮定しよう。

その場合、間違いなく大宰府は、大陸の全沿岸を海軍力と海上通商力によって支配する「日本のロンドン」に成長していたことであろう。そこに集まる富は、大宰府を「日本の首都」どころか「アジアの首都」にしていたかもしれない。

だが、そうはならなかった。理由は、日本周辺の海流と季節風である。ブリテン島の北方に、ヨーロッパ大陸は張りだしていない。「ノルウェー海」という海が広がっているだけだ。ところが、日本列島の北方には、「ユーラシア大陸」（極東シベリア）という陸地が大きく張りだしている。この北東ユーラシア大陸の陸地が海よりも早く冷えやすい（したがって空気が重くなりやすい）のと、偏西風《へんせい》があるせいで、日本の周囲海域には厄介な北西風が吹きがちである。

対馬海峡（朝鮮との海峡）には、南シナ海から常に暖流が日本海に向けて流れこんでいる。その上を北西風が吹くとどうなるだろうか。海流と海上風の向きの不一致から、海面はおそろしく波立ち、船は安全に航海ができない。

日本と朝鮮半島の関係が、けっして「英国とフランス」のような関係にはならなかった理由が、ここにある。ドーバー海峡は、小船でも漕ぎ渡ることが可能であったけれども、日本から半島経由で大陸に赴《おもむ》こうとするならば、必ず命がけの覚悟が求められた。

英国海軍は、恒常風が大西洋から大陸の方向へ吹いているために、帆船しかない時代にも出撃（出港）が容易で、年間を通じていつでもフランス海軍の先手を取ることができた。

畿内に首都を置いたのは国防のため

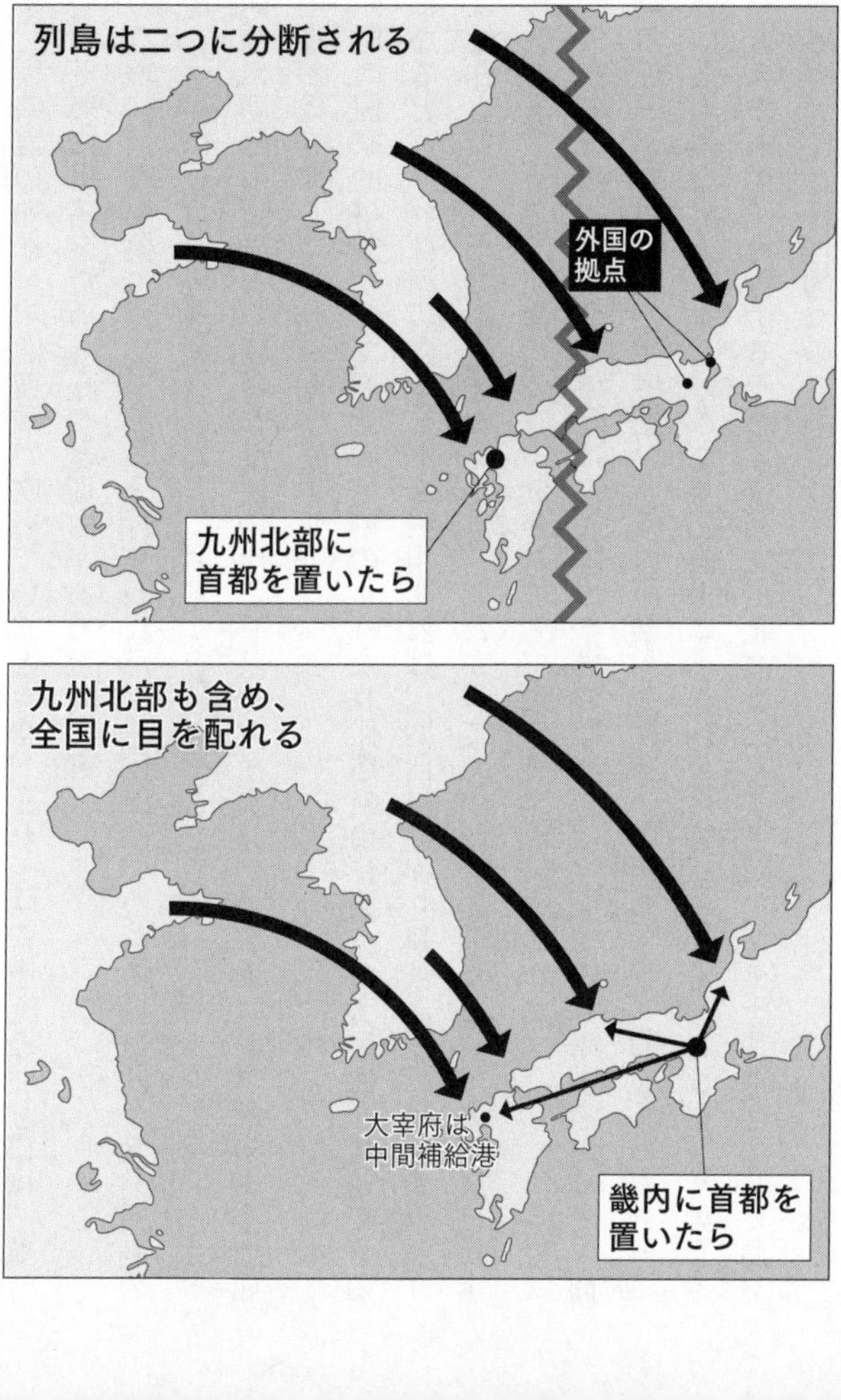
列島は二つに分断される
外国の
拠点
九州北部に
首都を置いたら
九州北部も含め、
全国に目を配れる
大宰府は
中間補給港
畿内に首都を
置いたら

しかし大宰府の船舶は、北西風が吹いているときや、それが吹きそうなおりには、航海の安全のために出港をためらうべき理由があったのだ。

このため、国家規模の貿易事業こそ行なわれたが、民間商人たちの自発的な交易活動の蓄積として九州北部の港湾が経済的に「殷賑《いんしん》を極める」ことには、けっしてならなかった。同様に朝鮮沿岸にも、南イタリアのナポリ港や北イタリアのジェノヴァ港のような屈強の商都が成立することがなかった。

わが国の国家的事業として、遣隋使船のような長距離航海に耐える大型船が建造できるようになると、それは瀬戸内ルートを利用すれば、関門《かんもん》海峡から難波津まで航程を延長するのは雑作《ぞうさ》もない。その逆もまたしかり。したがって「中間補給港」として大宰府は重宝するけれども、そこを航海の終点や起点にする必要がまったくなかった。

もし大宰府を日本の首都とすれば、大陸や半島の敵勢力は、いまの兵庫県あたりで「間接侵略工作」を進め、「大宰府政府」を、半島と北陸から挟撃しようとたくらむだろう。あるいは大規模な遠征軍を、いきなり山陰海岸へ送りこんでくるかもしれない。そのようなたくらみを未然に粉砕《ふんさい》するためには、九州北部はあくまで「アンテナ基地」としておくのが、軍事的にも合理的なのであった。

難波津《なにわのつ》と淀《よど》川

洋の東西を問わず、歴史都市の繁栄は、河川の運輸力によったところが大きい。日本が、京都や大阪を中心に栄えたのも、淀川の存在が大きかった。また、瀬戸内海を「一本の運河」と見れば、淀川の下流域はその「ターミナル船着場」だとする見方もできるだろう。

縄文時代には、いまの枚方《ひらかた》市の西、つまり生駒《いこま》山脈のすぐ西麓《せいろく》までもが「古代河内《かわち》湾」であった。やがて地球が寒冷化するにともない、この海岸線は後退するが、古墳時代にはなお「河内湖」とも仮称される巨大な淡水湖が残っていて、いまの大阪の市街地の過半はその水底《みなそこ》だった。

北からの淀川も、東からの大和《やまと》川も、最下流でいったんこの河内湖に注ぎ、そこから浅い流路によって、瀬戸内海（難波津）へ吐きだしていたのだ。

原始時代の小型舟艇にとっては、この河内湖は、外海の風波をしのげる佳良な舟溜《ふなだ》まり

（港）でもあったろうし、汽水域《きすい》（海水と淡水が混じった水域）特有の漁労も盛んであったろう。

淀川の特徴は、後世の「三十石舟《さんじっこくぶね》」のような吃水の浅い物資運搬艇が、あまり苦労しないで山崎（秀吉《ひでよし》の改修工事後は伏見）までも河口から遡行《そこう》ができたことである。つまり宇治《うじ》川と木津《きづ》川の合流する巨椋《おぐら》池（もともとそこが「淀」と呼ばれ、川名になった）よりも下流ならば水量が周年、十分にあって、かつ、流速はゆっくりとしていた。

これほどに恵まれた自然河川は、わが国には、あまり多くはない。日本の河川はなべて源頭《げんとう》（最上流）部分ばかりか中流域でも標高差が大であるため、平均勾配《こうばい》がきつく、急流で、浅い。ただし降雨量が大きいおかげで、（水田灌漑《かんがい》に過剰利用されないかぎり）沙漠の川のように途中で涸渇《こかつ》してしまうことはない。これは、大陸の河川とはもちろんのことだが、朝鮮半島の大河とも大いに様相を異にする点だ。

たとえば京城《ソウル》市街域を貫流する漢河《ハンガン》は、かなりの中流まで、十九世紀の吃水の深い西洋式航洋型帆船であっても、さかのぼって行くことが可能だった。この河川交通の利便性がなかったならば、京城にはそもそも何の価値もなく、李氏《りし》朝鮮が王都を置こうとこだわる必要も減じたことだろう。

ニューヨークが大西洋の一大商都となったのは、ハドソン川を大型帆船がウェストポイント要塞（いまの陸軍士官学校）近くまで楽々と一直線に遡行できたことと、そこより上流も、小型帆船を駆使すればカナダ国境近くまで行き来ができたという恵まれた地理条件があったればこそだ。

瀬戸内海と淀川は
「一本の運河」として機能

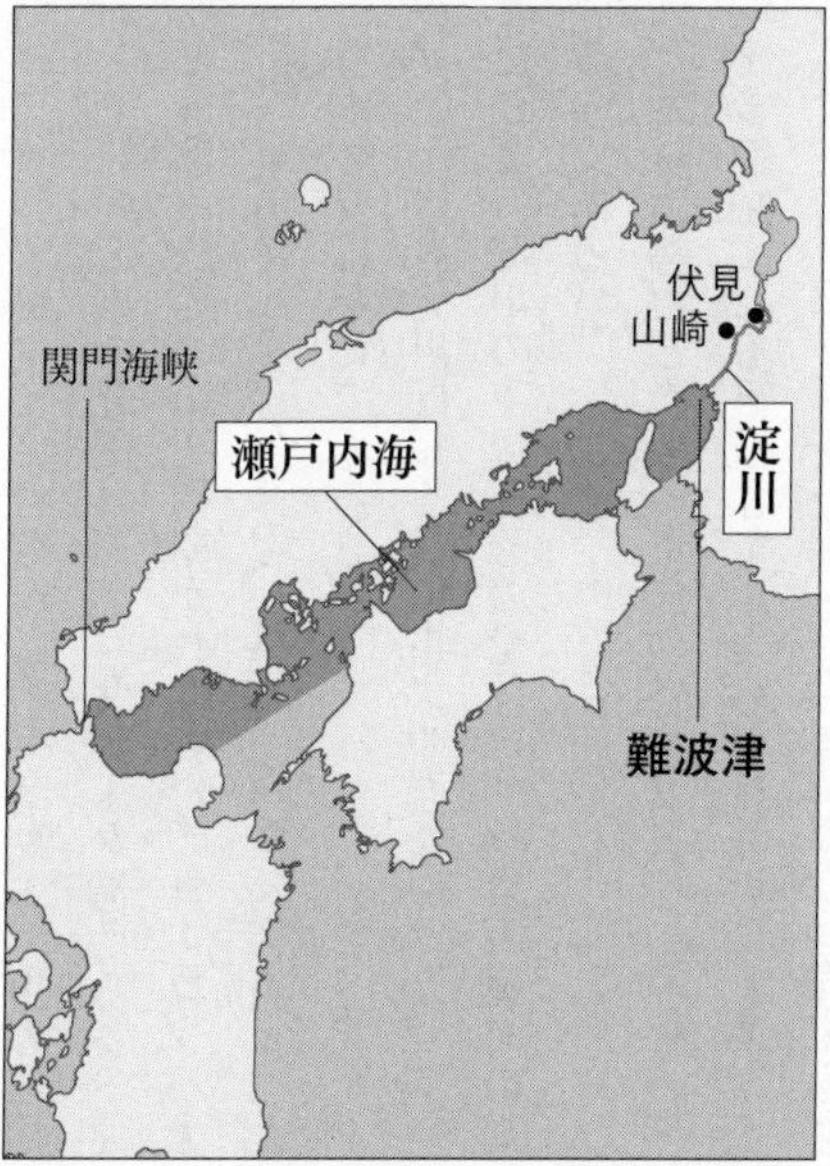

また、米国独立前の最大都市であったフィラデルフィアの人口も、デラウェア川の運輸が支えていた。そしてジョージ・ワシントンの広大な荘園は、チェサピーク湾からポトマック川を遡上して大型航洋帆船がたどり着ける限界の岸辺に開かれていた。ヨーロッパ大陸のライン川（大西洋に注ぐ）やドナウ川（黒海に注ぐ）などの、水量ゆたかで滔々《とうとう》とした流れについては、ここで筆者が贅言《ぜいげん》を費《つい》やす必要はないであろう。

これら大陸性の大河とくらべたなら、いかにも淀川は短く浅い川にすぎない。が、瀬戸内海全部を「一本の運河」だとみなしたとき、淀川の下流部分の全体は、その大運河の端末の「ターミナル船着場」となっているのである。

仁徳《にんとく》天皇の代の前後に、ヤマト政権と大陸諸勢力とのあいだでの外交文書使の往来が増加する。これら文書使は大陸から難波津まで必ずしも直航していたのではないにしろ、大小の船舶を乗り継ぎ、早く楽に旅行ができたなら、それに越したことはなかったであろう。

当時のヤマト政権には、巨大古墳の造営ができる土木事業力があった。その労働資源の一部を投入して、淀川河口域の役に立つ水路だけを深く浚渫《しゅんせつ》し、人の移動に不便な干潟《ひがた》や小流は埋め立てて、「国際港」としての難波津が整地されていったはずだ。

大和《やまと》盆地

河川は、流域の住人に大きな富をもたらすが、時には氾濫《はんらん》によって、より大きな損害を与えることもあった。古代日本人は、安定した収穫を得るために、大和盆地を選ぶ。そこは緩《ゆる》やかな傾斜地であり、かつ湿地でもあったので、最小の労力で農地が開発できた。

交通の便に恵まれた土地は栄える。では、なぜ日本最初の中央政権は、淀川水系ではなく、大和川水系の中流域たる大和盆地（奈良県）に成立したのか？

それは、大和盆地がことさら軍事的に防禦《ぼうぎょ》や出撃がしやすかったからではない。あくまで純粋に「農業地政学」（このような用語はないと思うが）の問題だった。

人為とは無関係の、天然の気候変動（縄文時代と比べての寒冷化）が、大和盆地の広大な湿地を長い年月をかけて徐々に、最初は陸稲作《りくとうさく》（おかぼ）、次いで水稲作《すいとう》にうってつけの「新農地」に変えてくれたのだろう。それが古代としては異例の巨大人口を大和盆地内のみで集中的に養うことを可能にし、その圧倒的なマンパワーと兵站力《へいたん》（貯蔵米）で、ついには遠隔地にまで睨《にら》みを利《き》かせるなりゆきとなったのだ。

天皇家の定住地は、低山の西麓《せいろく》の緩傾斜地《かんけいしゃち》にあった。すぐ下（大和盆地中央）には縄文当時の大沼の名残《なごり》の湿地が広がっていた。

その湿地が、当地域の長期的気象現象（寒冷化や少雨化）に連動してゆっくりと干上がって後退していく過程で、まず東南アジア系の根腐れに強い「陸稲」に最適の湿地が、ついで鉄器の蓄積（地金は半島から搬入する必要があった）が進んで「長江《ちょうこう》系水稲種」が導入された後は、生産性抜群の原始的水田が次々と得られた。

古く土着していた人々も水稲そのものは知っていたろう。しかし渡来系集団だけが、人々の労力を無駄にすることなく、驚くべき量の収穫を「新田」から安定的に得るための「経営術」を土着豪族に伝授できた。

耕地が乾きすぎたときは、山の小川の流路から導水して「重力灌漑」（高地から低地へ自然と農業用水が流れていく）すればよかった。農地がどんどん拡《ひろ》がり、用水が足らなくなったときは、溜《た》め池を掘った。もともと湿地だから土地には石ころも切り株もない。鉄器や労力を無駄づかいしないノウハウを持っている「農業経営経験者」ならば、工事と栽培を

農業生産地に最適な大和盆地

低山の存在によって、重力灌漑に適した緩傾斜地が多かった。写真は、葛城方面から見たところ

両立させられたのだ。

たまたま気象や営農上の失敗により凶作に見舞われてしまった年は、山ひとつ向こうの「河内湖」で得られる魚貝をあてにすれば、とりあえず餓死は免《まぬが》れたことだろう。

「瀬戸内物流ハイウェイのターミナル港」であった河内湖では、大和盆地産の「価格競争力」のあった農産物が、瀬戸内広域経済圏の諸産物（たとえば金属器など）と交換された。その物資が、ますます大和盆地の有力諸氏族を強くし、かつ、富ませたのだろう。

この大和川水系上流部と比較して、弥生時代の淀川水系中流部は、まだ農地開拓者には優しくない「暴れ川」であった。要所に堤防や排水路を工事しうるほどの鉄器は、まだ誰も揃《そろ》えられなかった。したがって誰かが苦労して水田を開いても、一回の氾濫でふたたび湖沼に逆戻りし、とても安定的に人口を支えることはできなかった。琵琶湖畔でも同様だった。そんな土地ではひきつづき縄文式に、湿地は陸稲、焼畑斜面には大麦（乾燥に強いが雨水滞留に弱い）などを作付けするか、山菜や果実を集め、鳥獣を狩るほかはない。

淀川水系で大和盆地のような高密度の人民を養える可能性が見えてきたのは、ようやく鉄器が普及した古墳時代以降だった。

畿内《きない》と東国《とうごく》

古代日本社会を解くキーワードは、水稲作による経済モデルの拡大だ。東国は、その主な対象になりえた。畿内と東国とのあいだに設置された関所は、けっして東国を畿内の「外側」に置くためのものではなかった。むしろ「内側」だったからこそ、監視が必要なのだった。

ながらく日本の中心が畿内に置かれる必要があった理由のひとつは、「東国経営」だ。

奈良盆地で「水稲作経済」の繁栄モデルを率先してつくりあげたヤマト政権の指導層は、この経済モデルを適用できそうな開発適地が、鈴鹿《すずか》山脈を東に越えたところの濃尾《のうび》平野には自然におびただしく拡大しつつあることを知っていたし、箱根《はこね》峠の向こう側にもそれは散在しているだろうと洞察《どうさつ》できていた。地球の「寒冷化」（低湿地の準高燥《こうそう》化）は、奈良盆地だけの現象にはとどまっていないからだ。

ぼやぼやしていると、自分たちの専売特許である稲作経済を、それらの遠国で誰かが独立に普及・発展させ、ヤマト政権に対抗する手ごわい軍事勢力があちこちに簇生《ぞくせい》（群がって出てくる）してしまうかもしれない。

瀬戸内ルートを使える西国と違って、東方の勢力を「征伐」するには陸上をひたすら進軍するしかない。しかし、海路遠征が距離をほとんど無視できるのに対し、陸路遠征では距離が死活的に重大な意味をもつ。

わかりやすく言うと、三日分の食料しか携行していない歩兵を十日間強行軍させることは不可能なのだ。これが海路の遠征なら、兵卒を舟の中で寝かせておけばいいし、必要とあらば何トンでも食料や弾薬（矢）を搭載した補給船団を随伴《ずいはん》させられるけれども……。だからヤマト政権は、「瀬戸内物流ハイウェイ」の恩恵は確保すると同時に、できるだけ東国に遠征しやすいロケーションに行政司令基地を構えておく必要があった。

水稲作を知らない東国の旧縄文人たちは、気候の寒冷化で「粗放《そほう》畑作」（人為をあまり加えず、自然の力で栽培する）の収量が減り、弱っているところだった。しかし水稲作を自発的に覚えてしまったら、またじわじわと強勢化するであろう。いまのうちに東国住民を軍事的に屈服させてしまい、そのうえでヤマト政権が「恩恵的に」水稲作を「強制」するというスタイルで、経済的にも日本全土の支配権を確立するべきであった。

畿内から東国へ

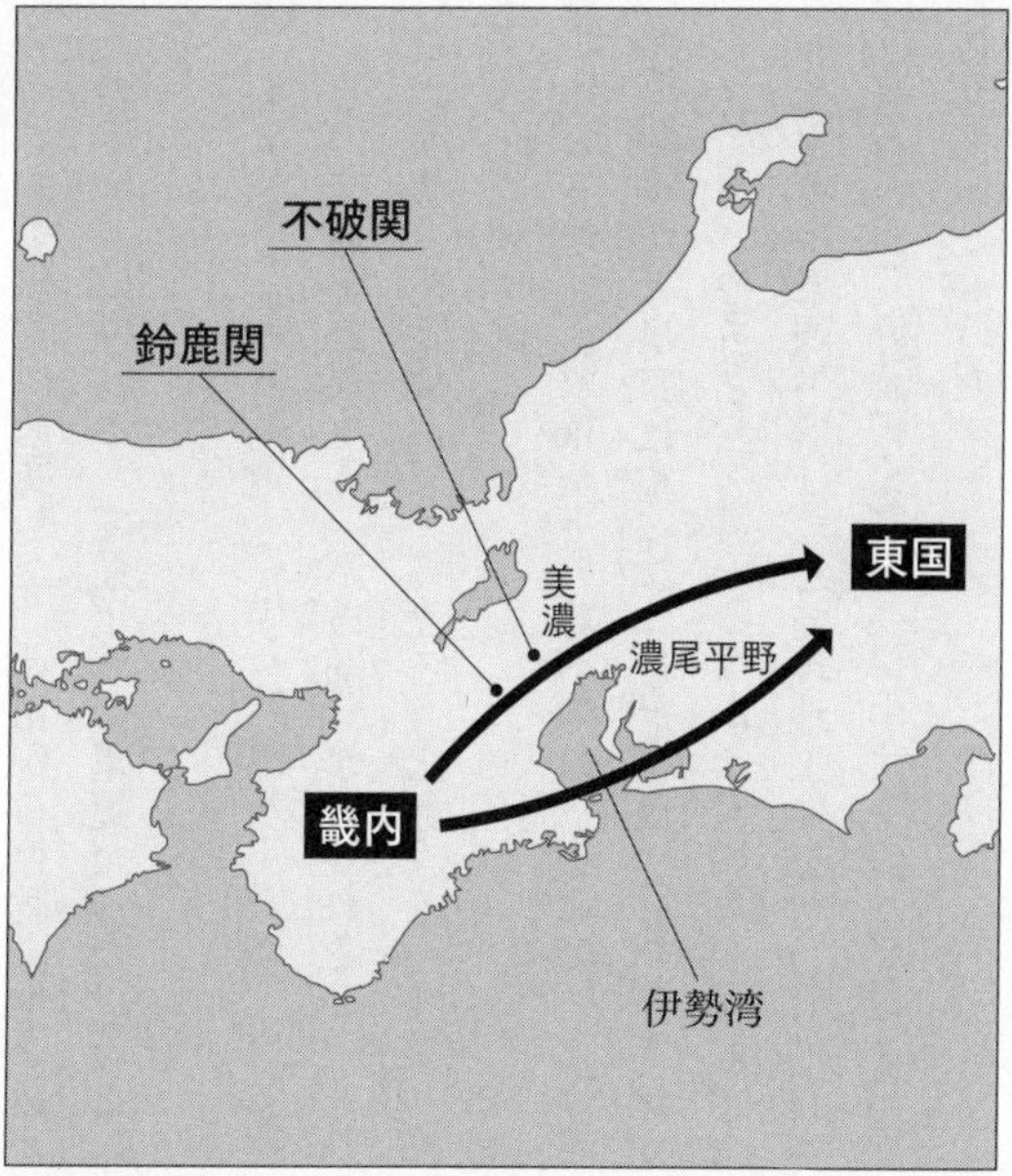

東国征服は、濃尾平野と伊勢湾《いせ》に沿ってまず順調に進展した。大和から鈴鹿山地を越え伊勢湾に到達する峠道ルートは、古代のヤマト政権にとって最重要の軍道だった。そこには「鈴鹿関《すずかのせき》」ができる。

琵琶湖の南東岸から伊吹《いぶき》山地を越え美濃《みの》（いまの岐阜県）に出る峠道ルートが、重要度ではそれに次いだ。今日の関ヶ原《せきがはら》に、その交通を監視する「不破関《ふわのせき》」が置かれる。これら古代の関所は、東国の旧縄文人が畿内へ逆襲してくるだろうと懸念《けねん》をして設けられたものではない。

東国を平定し、農法指導にも従事しているヤマト政権麾下《きか》の諸部隊は、歴戦《れきせん》で、しかも上下の団結も堅い。そうした遠国派遣部隊が天皇家に叛逆《はんぎゃく》することは、古代の平民が「貴人《きにん》」を神様視する意識があったことから、あまり心配はいらなかったのだが、いったん天皇家の内部で相克《そうこく》が起こり、その有力者が東国へ飛びだして現地工作をしたら、日本最精鋭の東国遠征軍が、ヤマト政権に楯突《たてつ》くこともありえた。「シーザーのルビコン川戻り」のような事態が、いちばん恐れられていたわけだ。

壬申《じんしん》の乱では、大海人皇子《おおあまのみこ》（天武《てんむ》天皇）が美濃で部隊を集め、まさにこれを実行して、首都政権に対するクーデターを成功させた。

天智《てんじ》天皇の遷都

白村江《はくすきのえ》の戦は、必要にもとづく遠征の結果だった。当時の国内は、大陸や半島の間接侵略工作で混乱していた。不穏《ふおん》な空気を一掃するため、半島遠征は企《くわだ》てられた。大和盆地から遷都したのも、クーデターの危機を避けるためだった。

飛鳥から難波津に宮都を移して「改新」政策を打ちだしていた天智天皇（中大兄皇子《なかのおおえ》）は、なぜすぐにまた飛鳥へ戻り、さらには白村江《はくすきのえ》の敗戦の後は、近江大津宮《おうみおおつのみや》に遷都したのだろうか？

日本国家の安全にとって益があるといえる東アジアの政治環境とは、大陸と半島をただひとつの王朝が制覇《せいは》してしまうことなく、大陸王朝と半島王朝が反目拮抗《はんもくきっこう》しているか、さもなくば、大陸内もしくは半島内が分裂しつづけているような形勢だ。

天智天皇がまだ即位する前、大陸は唐朝がすっかり制覇していたけれども、半島は三カ国に分裂していた。唐はそのうちの、長安《ちょうあん》からはいちばん遠い新羅と結託《けったく》し、挟撃によってまず百済、ついで高句麗を滅ぼしてやろうと考えていた。

そうなった後に来るものは、勢いに乗った新羅軍、または、唐・新羅の連合軍、または、唐が新羅を吸収した上での対日直接侵略かもしれない。

はたして百済が六六〇年に滅ぼされると、日本政府はこれを座視《ざし》せず、中大兄皇子みずから軍勢を親率《しんそつ》して半島に遠征。百済の残党を再挙《さいきょ》させようと作戦したものの、六六三年に百済西岸「白村江」にて船団が唐の海軍のために壊滅させられてしまい、撤兵を余儀《よぎ》なくされた。

中大兄皇子は、日本国の実質最高実力者でありながら、天皇即位を先延《さきの》ばしにしていた。大和盆地の古いエスタブリッシュメント（古豪）は心から彼に服してはいなかった。

半島遠征失敗の直後から、帰化人を通じた「唐・新羅発」の畿内諸氏族への政治工作が強まった。もともと中大兄皇子を熱心に支持する義理がない有力豪族は、「親新羅」路線の新天皇候補者を担《かつ》ぎだす可能性があった。

大和盆地に政府が所在しているかぎり、「多数決クーデター」もありうる不穏な空気となったことが、古い有力豪族の地盤とほとんど無縁な琵琶湖南西岸への思い切った遷都と

天智天皇はなぜ半島への遠征を決断したか？

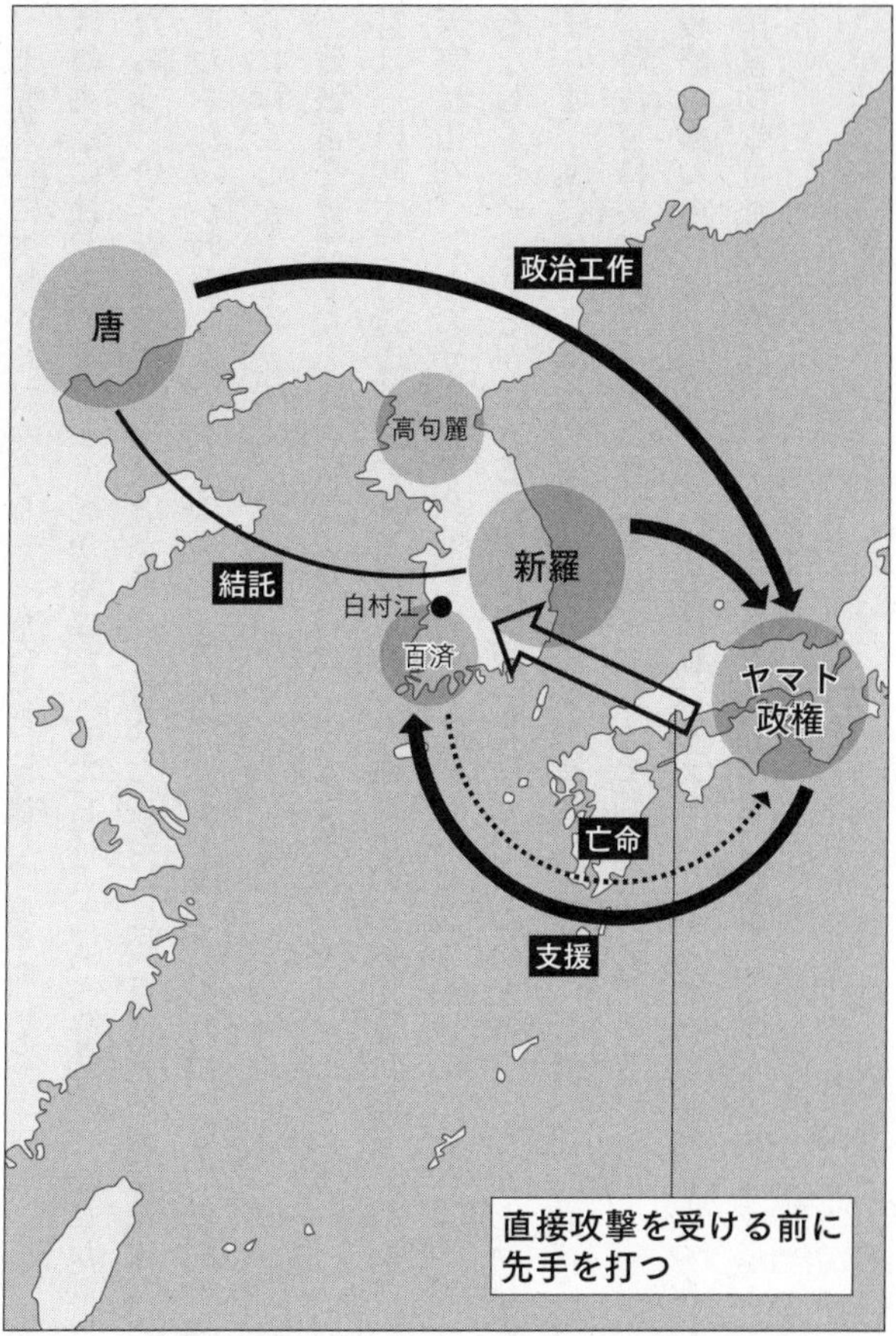

即位を、天智天皇に決断させたのだろう（六六七年に遷都し、翌年即位した）。

新宮城の決定には、天智天皇が半島から連れ帰った百済人たちの恐怖がとくに反映していたのだろう。唐・新羅派に日本政府が乗っとられた暁《あかつき》には、百済系の新渡来人はどんな目に遭《あ》わされるかわからない。その場合、若狭湾へも美濃へも脱《のが》れ出やすい近江の大津が、彼らには安心だと思えたのだ。

では、難波宮を建設したときの天智天皇には、どんな意図があったのだろう。

難波宮は、当時すでに遣唐使船の発着港であった難波津のすぐ南側に造営された。天智天皇は当初、こちらから唐朝に対して直接に外交的に働きかけることによって、新羅をおとなしくさせることができるのではないかと期《き》していたのだろう。しかし新羅の増長は止まらず、逆に唐・新羅派による誹謗《ひぼう》宣伝や間接侵略工作が、近畿一円に及ぶようになった。難波宮にいては、その工作に負けてしまうと判断したのだろう。

間接侵略を撥《は》ねのける一手として、半島遠征は考えられた。それは敗退に終わったけれども、国家的な危機感の高まりは、日本国内を団結させる好作用もあったのである。

桓《かん》武《む》天皇の遷都

気候変動にうまく乗じて新政権を運営したのが、桓武天皇だ。唐が衰退するなか、一気に改革を進めていく。まず、東北の平定。そして、同時に計画された遷都である。

桓武天皇（在位七八一～八〇六年）の頃、大陸では、気候の「寒冷化」の兆《きざ》しが顕著だった（西暦七六〇年頃から九九〇年頃までずっと寒い）。「安《あん》・史《し》の乱」（七五五～七六三年）に続くこの寒冷化で、唐朝は衰退モードに入り、周辺国から見ると、あまり恐い存在ではなくなろうとしていた。すかさず新羅は、唐に対しても、日本に対しても、増長した姿勢に転ずる。が、新羅単独では日本の安全は脅《おびや》かせない。

まさにいまこそが、内政大改革の好機であると桓武天皇には思われた。

七八九年から桓武天皇は東北地方の平定に本腰を入れ、八〇三年までにその遠征作戦は成功裡《り》に一段落した。長期の寒冷化傾向で東北農地の作柄《さくがら》は振るわず、蝦夷《えみし》たちが弱った好機に乗じたものだった。

前後して決行されたのが、はじめ長岡京《ながおか》、ついで平安京への遷都だ。

往々にして「改革政権」は、リーダーひとりで、なにもかもをマネージできることはない。見識も、技能も、気力も、言語力（説得力・交渉力）もある「使えるとりまき」がたくさん揃っているかどうかで、成否は左右されてしまう。

もともと官僚の世界に身を置いてきた桓武天皇は、自分がとつぜんに天皇になってしまったとき、誰が「使えるとりまき」となりそうかを、よく知っていた。それは、何百年も続くヤマト政権のエスタブリッシュメントが「地権」を隅々までおさえてしまっている奈良盆地ではなくて、渡来してまだ数世代しか経ていない、水田開発のしにくい暴れ川のほとり（淀川水系）にあえて地盤を切り開いていた百済系の新官僚グループだった。

桓武天皇は、単純に、自身に反抗的な政治地盤からは離れ、自身と国家の安全保障上の問題意識を共有する若手官僚たちの多い「潜在的支持地盤」へと、政治司令部を移したまでである。

桓武天皇の実母は、日本古代特有の価値観では「卑母《ひぼ》」（天皇家の血筋をほとんど、もしくはごく薄くしか引いていない）であるとされ、そうであるかぎりは、古代母系文化（すなわち通い婚の文化）を受けついでいたエスタブリッシュメント貴族たちは、桓武天皇を尊重しようとはしない。「通い婚」が認められているということは、貴人の実の父が誰なのか、世間には分からない、ということなのだ。貴人が貴種《きしゅ》であることは、ただ実母のみが証明

淀川水系

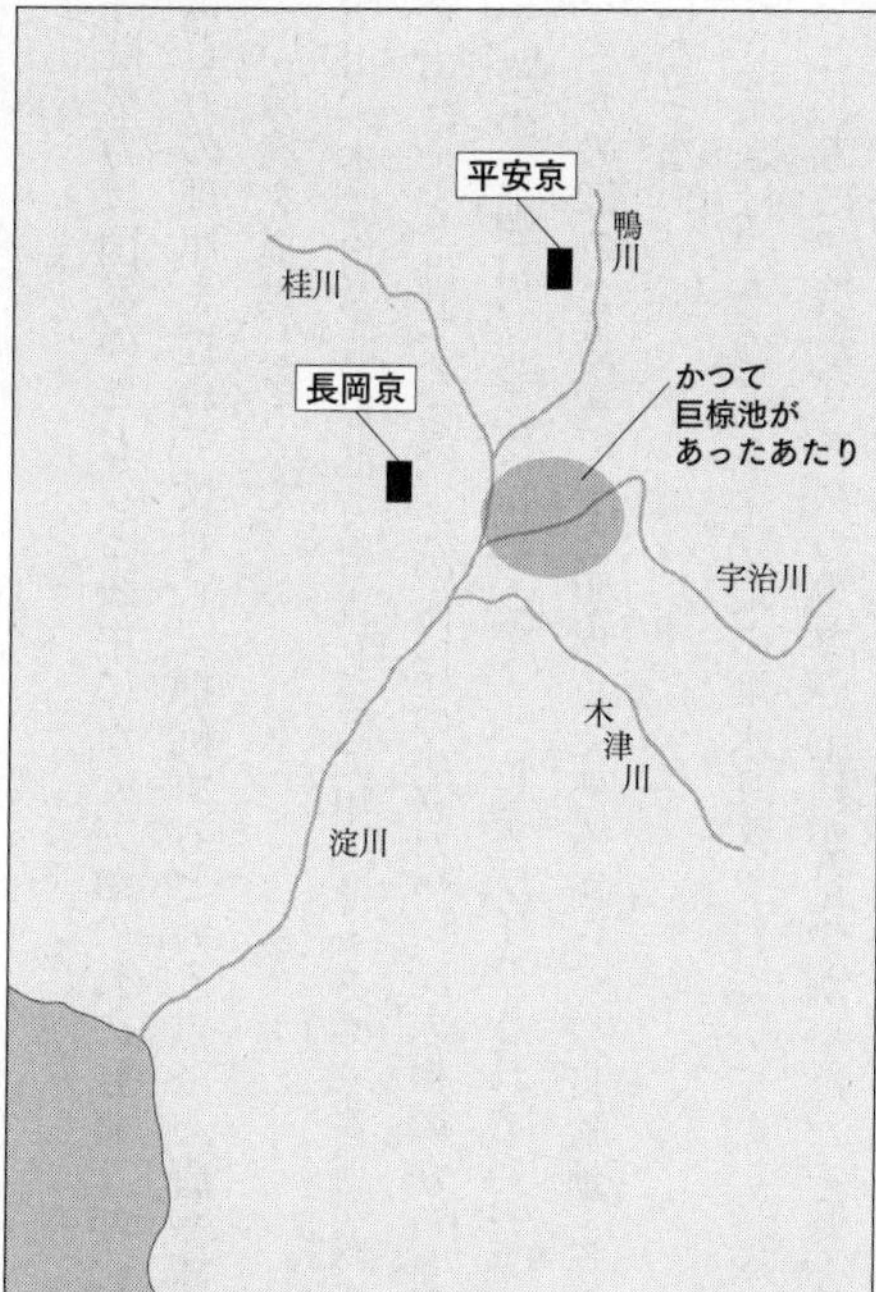

桓武天皇とそのとりまきは、あえて暴れ川を選んだ

するのである。

くわえて、奈良の旧寺院勢力は国家のことなど眼中になく、おのれの私腹を楽に肥《こ》やせる現システムの変更には百万の理屈を捏《こ》ねて反対し、抵抗するという点で、唐や新羅の工作員にまことに居心地よい環境を提供していた。

長岡京は、桂《かつら》川、宇治川、木津川が巨椋池で合流して淀川（そもそも「水流が緩《ゆる》い川」という意味がある）になって南に下りはじめる、その西岸の船着場に、大極殿《だいごくでん》から首都中央を南北に縦貫《じゅうかん》する朱雀大路《すざくおおじ》の南端が、じかに接するようにデザインされていた。難波津から大型航洋船が淀川をさかのぼることができた限界点であるから、奈良盆地と比べて物資搬入の容易さは比較にならない。

ただし、桓武天皇のとりまきは、そのような立地の洪水リスクについて、いささか甘く考えていたようだ。もっと北方に、洪水リスクの少ない土地が見つかった。それが平安京だった。

平安京へは、大きな船が淀川をそのまま遡上してアクセスすることはできない。が、山崎のあたりで軽舟に荷物を積みかえれば、とくに不便はなかった。鴨《かも》川だけは時に氾濫したが、淀川のそれに比べると受容できるリスクと考えられた。

源《みなもとのよりとも》頼朝と鎌倉《かまくら》

四〇〇年前の桓武天皇と同様、気候変動をうまく活用し、古い秩序構造に叛旗《はんき》をひるがえした東国の覇者が、源頼朝だ。彼にとっての気がかりは、東北に権力基盤を有した奥州《おうしゅう》藤原《ふじわら》氏である。鎌倉の位置は、このライバルとの距離を意識しつつ決められた。

両親の血統の高貴さから源氏の総指揮官となる資格を有した「伊豆の流人」源頼朝は、一一八〇年の「秋の収穫シーズン」に合わせて挙兵している。

まさにその頃、世界の中緯度地域で「温暖化」がピークに達していた。この気候の影響で、関東平野を筆頭に日本の東国一帯では、兵粮米《ひょうろうまい》の未曾有《みぞう》の備蓄増と人口増とが続いていたはずである。そろそろ大戦争を開始してもよいという住民のムードが東日本にはできあがっていた。

ひきかえて近畿と瀬戸内地方は、水田の開発限界（すなわち河川取水量の限界）に達しつ

日本の気候変動

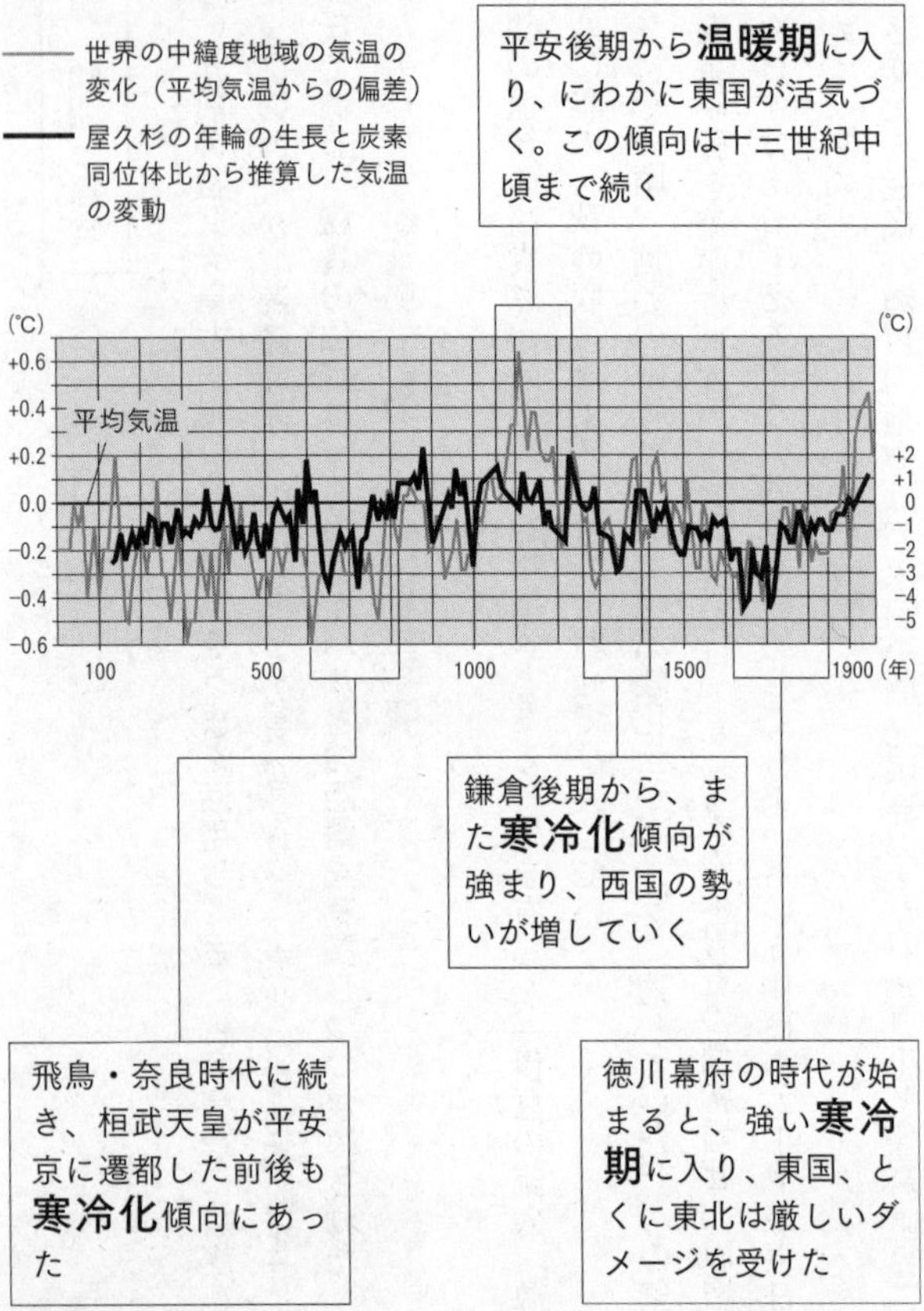
世界の中緯度地域の気温の変化（平均気温からの偏差）
屋久杉の年輪の生長と炭素同位体比から推算した気温の変動
平安後期から温暖期に入り、にわかに東国が活気づく。この傾向は十三世紀中頃まで続く
(℃)
+0.6
+0.4
+0.2
0.0
−0.2
−0.4
−0.6
平均気温
(℃)
+2
+1
0
−1
−2
−3
−4
−5
100
500
1000
1500
1900（年）
鎌倉後期から、また寒冷化傾向が強まり、西国の勢いが増していく
飛鳥・奈良時代に続き、桓武天皇が平安京に遷都した前後も寒冷化傾向にあった
徳川幕府の時代が始まると、強い寒冷期に入り、東国、とくに東北は厳しいダメージを受けた

＊小林英夫監修『地図・年表・図解でみる日本の歴史　上』所載の図表に手を加えた。これは、北川浩之・松本英二「屋久杉年輪の炭素同位体比変動から推定される過去2000年間の気候変動」（「気象研究ノート」191号より）と、高橋浩一郎・朝倉正『気候変動は歴史を変える』を原図としたもの

つあったから、温暖化はむしろ旱害《かんがい》（日照《ひで》りの害）や洪水攪乱《かくらん》から収穫減を招く「バッド・ニュース」でしかなかった。

緒戦《しょせん》の石橋山《いしばしやま》合戦で敗北した頼朝は、伊豆半島のすぐ東の真鶴《まなづる》海岸から房総《ぼうそう》半島南端の安房《あわ》へ小舟で逃れ（海流と南西風に乗っていけるので比較的に容易である。その逆コースは不可能）、そこからいまの東京湾を「反時計回り」に一周する形で鎌倉に入った。

それにしても、頼朝は同じ東国でも、なぜ、現代人から見てこんな中途半端な場所に「新都」を構えようとしたのだろう？

頼朝は鎌倉までの長い道中、じっさいに後代の江戸の海岸線を馬上から親しく見たはずだ。当時、利根《とね》川はまだ江戸湾へ注いでいた。しかも温暖化で海面も上昇していた。「湾岸」は、とうてい行政首都の適地とはいえず、むしろ、その西に置かれた行政首都に東北から迫る奥州藤原氏の進軍路を限定してくれる「低湿地障碍帯《しょうがいたい》」になる地形だと映《えい》じただろう。大量の泥土《でいど》が形成する遠浅海岸にはロクな港も得られない。「江戸開府」などは誰の日にも論外であった。

さらに、三浦《みうら》半島の南部を考えなかった理由は、そこが三浦氏の本拠であって、その勢力圏中に呑《の》みこまれるような形での土地選定は、頼朝の「とりまき」も、新参の東国武士たちも、面白いとは思わなかったからだろう。

また、気候的には鎌倉よりずっと快適な小田原《おだわら》としなかった理由のひとつは、すぐ近くの「石橋山」でケチがついているためだ。ここでの合戦で、そのときは頼朝の「討手《うつて》」に回った地元武士たちとしても、鎌倉ぐらい距離を置いてくれたほうが、安心して忠誠を誓いやすかった。

関東以上に当時の気候温暖化の恩恵をこうむっていたのは、陸奥《むつ》（いまの東北地方の一部）と出羽《でわ》（いまの山形県）の農地だった。奥羽《おうう》地方にはすばらしい開発余地があると、全東国人には強く予感されていた。

頼朝の気がかりも、頼朝を頼みに思う気などさらさらない奥州藤原氏の向背《こうはい》（したがうか、刃向《はむ》かうか）にあった。砂金を産出した上に気候の温暖化で農業経済が絶好調だったので、平泉《ひらいずみ》の人口は京都に次いだほどだった。京都の政治司令所（後白河法皇《ごしらかわほうおう》）は、西国武士団と奥州藤原氏とに工作すれば、頼朝の関東武士団を挟撃もできる。頼朝としては、この平泉を征服しないうちは、落ち着いて上洛し、後白河法皇に要求を呑ませることもできかねた。

つまりは、奥羽からの適切な距離が必要だった。奥羽からの防禦がしやすく、また奥羽への出撃もしやすい位置に、鎌倉はあった。

頼朝が鎌倉に幕府を
開いたのは、奥州藤原氏対策

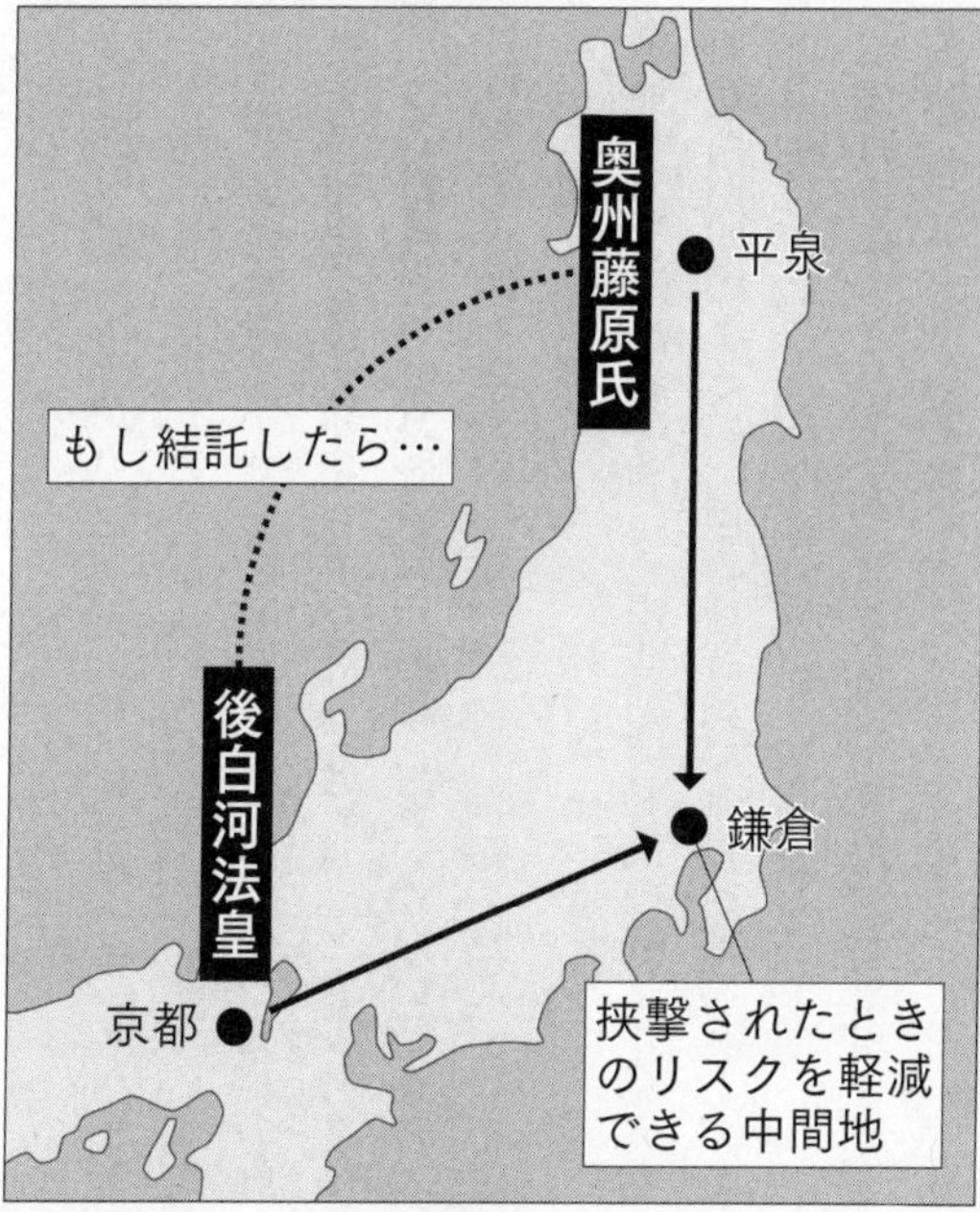

ふたたび京都へ

源頼朝が奥州藤原氏を意識したように、足利尊氏《あしかがたかうじ》が注意を払ったのは、南朝のシンパの動向だった。彼らを十分に監視し、また、西国の勢力が彼らと結託《けったく》しないよう、目配《めくば》りする必要があった。それには、西国から遠く離れた地で幕府を開くわけにはいかない。

三種の神器《じんぎ》が吉野《よしの》（南朝）から京都（北朝）へ移譲され、「南北朝」動乱の収拾が見えた一三九二年は、一二〇〇年までの温暖期が嘘のように、中緯度諸国の気候が寒冷化して久しかった（その寒冷期は一四〇〇年頃まで続く）。

東国農業の行く末には、誰もが悲観的になっていた。奥羽方面に「強敵」が出現する可能性は当分はゼロだと信じられた。

しかし同じ頃、西国では旱魃《かんばつ》が減り、毎年の確実な生産が期待できそうであった。幕府を立ちあげたばかりの足利氏も、その敵にまわろうとする勢力も、西国の経済力をがっちりと自陣に結合させうるかどうかに未来がかかった。それならば、「瀬戸内物流ハイウェイ」の東端である近畿に都を置くのが合理的だった。

もし、京都に幕府を置かなければどうなるか？

不満を抱いてくすぶっている南朝のとりまきたちが、すぐに吉野から京都に対する転覆《てんぷく》工作を活発化させるだろう。それに呼応《こおう》する地方叛乱も、西国のものであれば重大な脅威である。

その逆に、東国でもし騒ぎが起こっても、それはけっして大規模化はしない。東国各地の糧食《りょうしょく》の備蓄は足りず、したがって「反足利軍」の人数が膨《ふく》れあがることもない。そんな計算ができたのだ。

足利尊氏がいったん九州まで落ち延び、そこから捲土重来《けんどちょうらい》して京都を制圧した過程にも意味があった。

「いまの後醍醐《ごだいご》天皇政府は、地方豪族の土地開発利益を少しも考慮してくれず、はなはだ迷惑な無能政府だ。みなさん、われわれ足利尊氏政権に一票を投じてください。わたしたちがみなさんの土地の権利を確かに保証いたします！」

そのように公約して回る、いわば「中央政権交代選挙のための全国遊説《ゆうぜい》および顔見せ行《あん》脚《ぎゃ》」に似たプロセスであったのだ。

当時はテレビニュースなどないから、新政権の頭首候補と、そのとりまきたちを実際にその目で見て、話をしてみぬうちは、どのくらい信用できそうかの判断もならない。そして、この新体制にならば賭《か》けてみようかという地方の有力者は、自分がいま保持している私領を安堵《あんど》され、できれば過去に近隣ライバルや中央権力者によって奪われた土地も取り戻したいと念じている。それは中央に頼りがいのある強力な政権ができて、その政権幹部がお墨付きを下してくれることによってはじめて担保されるのだ。

旧政権がまったく瓦解《がかい》すれば、旧政権の支持基盤だった中央貴族や有力寺社の利権となっている全国の荘園も、新政権支持の在郷武士たちによってことごとく「分け獲《ど》り」される。所有権移転革命である。

ちょうど源頼朝が、西国の平家系の広大な荘園を、自分の支持基盤である東国武士たちに再分配してやれたように、「勝った陣営がすべてを得る」のだ。

ただし、頼朝の幕府が西国の旧地主の訴えなど聞く必要はなかったのに対し、足利幕府（室町幕府）は、彼らの訴えに耳を貸し、その土地訴訟を機敏に処理してやれなくては、信用と支持を失《な》くす。もし人々が、土地裁判のためにいちいち関東まで下る必要があると知尊氏はなぜ幕府を京都で開いたのか？

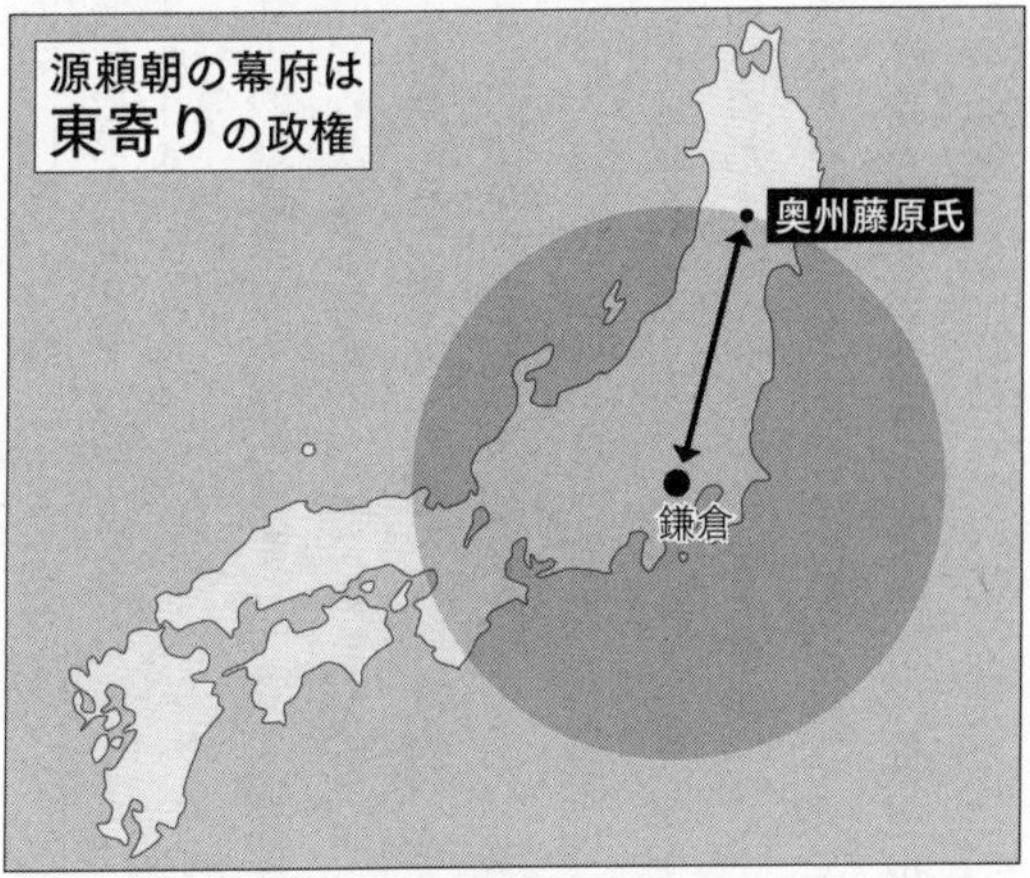

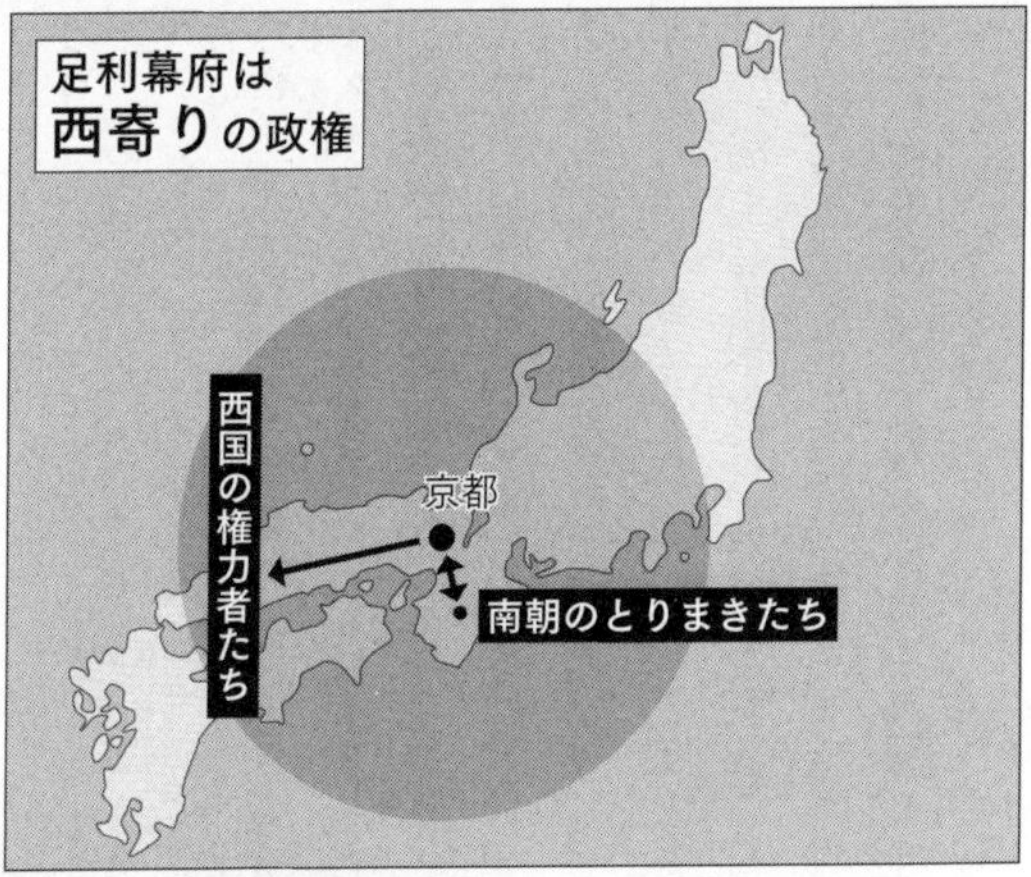

意識の対象が異なっている

ったなら、誰も新幕府に味方はしなかっただろう。

織田信長《おだのぶなが》の安土《あづち》城

現代人の地理感覚で見るかぎり、安土のある琵琶湖東岸は、とくに要地という印象を受けない。しかし、東国からもたらされるヒト・モノ・カネは、ほとんどこの地を通過して京都に入る。ある意味、京都や西国へ向けられた「東国の最前線」ともいえる。

天正《てんしょう》四年（一五七六）、織田信長は、琵琶湖のやや南寄りの東岸に、壮大な安土城を築きはじめた。その三年後には、竣工《しゅんこう》した「天主《てんしゅ》」の上層階部分に、自分と家族の日常居住場所を移した。天主は、後世には「天守」あるいは「天守閣」と呼ばれる、本丸中心にひときわ聳立《しょうりつ》させた多層櫓《たそうやぐら》で、安土城以前には一例もなかった。だから「高層ビル」に住んだ最初の日本人は、この織田信長なのだといわれる。

西暦一五〇〇年頃から一七〇〇年頃にかけては、地球の温帯地方の平均気温はどんどん下がりつづけていた。概してこのような時期には、「帝国領土を無制限にもっと拡張させよう」という運動は起きない。その代わりに各地では、権力者も有産有力者も「都市を造って快適に安全を確保しよう」との思いに傾くものらしい。

有限の生産物や諸資源を、効率的に集め、安全に保管し、無駄なく利用して、自分たちの生存を確かなものにしたい。これが都市に期待される重要な機能だ。土地の生産量が毎年勝手に増えていくような「向温暖期」（しだいに暖かくなってゆく中期のトレンド）には、こうした発想は省《かえり》みられなくとも不思議はないだろう。

かつて天智天皇は、琵琶湖南端の西岸に臨時に大津宮（六六七～七二年）を置いた。それは、五三五年のインドネシアのクラカタウ火山の大爆発が助長した地球的寒冷期が底を打って、徐々に暖かさの戻る時期だった。湖岸の低湿地が徐々に沼化していったのであれば、それも大津宮が早く放棄された理由のひとつだったろう。

信長が生きた天正時代には逆に、湖岸、とりわけ東岸に広がる低湿地が、自然に乾田《かんでん》（稲を植えるときだけ水を張る農法）開墾《かいこん》に向いた高燥地《こうそう》（水ぎわから高く、湿《しめ》りの少ない土地）に変わりつつあったかもしれない。しかし琵琶湖に流入する河川は短いものばかりで、降雨も少ないため、モーターポンプが無かった昔は、そこでは渇水に弱い水田しかつくれなかった。多数の陣屋を建てても、いっこう差し支えはなかったのである。

けれども安土選定において間違いなく最も考慮された長所は、諸街道の結節点が琵琶湖東岸に形成されていたことだっただろう。北国街道《ほっこく》（畿内と越後を結ぶ）、東山道《とうさん》（畿内と陸奥を結ぶ）、東海道、さらに伊勢湾へ抜ける近道も安土城下から分岐していた。もし安土城下が京都に匹敵する人口過密都市に成長したとしても、これだけの物資搬入路があるなら、都市機能はなんの不都合もなく維持されただろう。

戦略的にも、織田家の支配領である伊勢、美濃、尾張を「後背補給基地」として、その東にある三河《みかわ》、遠江《とおとうみ》、駿河《するが》は同盟者の徳川家康《いえやす》に保たせておき、主敵となるであろう西国の有力大名たちをこれから逐次《ちくじ》に慴伏《しょうふく》（おそれて屈服）させてやろうという長期戦の司令部所在地として、安土は京都よりも合理的であった。

もし京都に司令部を置いたら、誰か（たとえば北陸から南下した上杉軍《うえすぎ》）が安土の「ボトルネック」（隘路《あいろ》。周囲より狭くなった戦術的な要地）をまんまと占領してしまい、最高司令部（京都）と最大補給基地（東国）のあいだの連絡が切断されてしまうかもしれないのだ。

ところで、戦国時代の為政者たちと会見したイエズス会士のルイス・フロイスは、その報告書『日本史』の中で、安土城の中に寺院があって、信長の分身の「石」がご神体のように安置されている事実を記し、織田信長は自分が生き神になろうとしたのだ――と看破《かんぱ》

そびえる安土城

干拓される前の安土城山は、その北部が琵琶湖に突きだしていた。また、南には観音寺山がつらなり、東西の往来をはばむボトルネックの地形を形づくっていた。
「安土城図」より（大阪城天守閣蔵）

した。この穿鑿《せんさく》が、信長と安土城にまつわるいくつかの不思議も説明してくれる。

信長は、カトリックの世界観の影響を受けて、自身を新しい「神」に擬した「政教一致帝国」を地上に創建しようとしたのかもしれない。それは天皇を神聖な「上御一人《かみごいちにん》」として戴《いただ》く日本の伝統的な国体とはもちろん相容《あいい》れるものではない。

そうなったら、いずれは朝廷の神聖権威を「自然頽廃《たいはい》」に持っていこうと望んだかもしれない。西国大名との決戦のために、京都市街は「通過地」として意図的に荒れ放題にしてやっても構わないと、信長ならば判断した可能性もある。

安土は、西国に向けた
東国の最前線

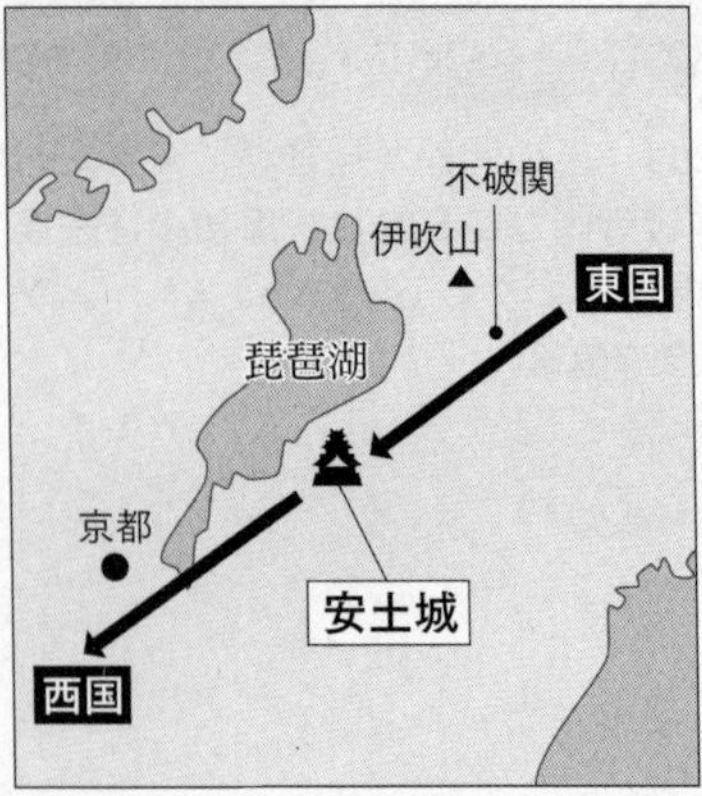

豊臣秀吉《とよとみひでよし》の大坂《おおさか》城

秀吉といえば、即座に「ナニワの殿様」、すなわち大坂城の城主をイメージする人は多いが、彼は没するまで、京都の伏見城の城主であった。では大坂城は、いかなる理由で築かれたのか？　この城は、かつて同じ場所にあった石山本願寺《いしやまほんがんじ》にかわって、いまや豊臣家が「海を介して行なわれる交易の支配者」であることを、西国の支配者たちに知らしめる役割を果たした。

京都聚楽第《じゅらくてい》に本拠を置き、位人臣《くらいじんしん》をきわめた豊臣秀吉が、晩年の天正十一年（一五八三）になって大坂城を築いた理由は何だろう？

今日の大阪市のほとんどは、縄文時代には水底《みなそこ》にあった。しかしその頃でも、伝・仁徳天皇陵（大仙《だいせん》陵、堺《さかい》市）や、住吉大社《すみよしたいしゃ》、四天王寺《してんのうじ》、そしてこの大坂城本丸にかけて南北方向に細長く延びた「上町《うえまち》台地」だけは、高燥だった。この大坂湾と河内湖に挟まれた屈強の「舌状台地《ぜつじょう》」には、石器時代から無数の集落が営まれつづけていたことも疑いがない。

大化改新（六四五年）は、極端な寒冷期（おそらくは河内湖の縁部も逐次に干上がりつつあったとき）に実行された。その改革の司令部として、やはりこの台地の北端近くに難波宮が造営されている。難波宮そのものは八世紀末には廃《すた》れ、長く忘れられてしまうけれども、後の大坂城の南側（三の丸）は、まさしく難波宮の中心部と重なっていたのだ（第二次大戦後に陸軍大阪第八聯隊《れんたい》が消滅した後の発掘調査で判明）。

古代の難波宮の北側（すなわち舌状台地の先端）には、河内湖から大坂湾へ抜けでる運河（淀川および大和川の河口のひとつ）があり、そこに遣唐使船が発着する難波津が整備されていた。

大陸からの使節は、この港が終着点だ。だからヤマト政権は早くから、大陸人にヤマト政権の軍事動員ポテンシャルを見せつける目的で、わざわざ海ぎわの舌状台地の根元を選び、百舌鳥《もず》古墳群（大仙陵、履中陵《りちゅう》、反正陵《はんぜい》など）を築造したのだと考えられる。

しかし、秀吉の大坂城が狙《ねら》った機能は、誰かの目を驚かせることではなかった。

新城郭は、天正八年（一五八〇）に焼かれた石山本願寺の跡地に普請《ふしん》されている。織田信長や徳川家康を悩ませた一向一揆《いっこういっき》の総本山こそ、石山本願寺だった。その最高幹部の顕《けん》

秀吉の二つの城

伏見城から京都をにらみ、大坂城によって西海の支配権を可視化させた

如《によ》は、武田信玄《たけだしんげん》とは妻同士が姉妹で、同盟関係だった。

信玄は、鉄砲時代に自分の領国内では鉛と硝石《しょうせき》がほとんど得られないという絶対的な不利を、本願寺によってカバーしようとした。すなわち本願寺をパトロンに仕立て、東アジア各地の海商たちから鉛や硝石を輸入させ、泉州《せんしゅう》堺港周辺の鍛冶屋に鉄砲を製造させ、紀州《きしゅう》の雑賀衆《さいかしゅう》を射手《しゃしゅ》として傭《やと》わせ、どの大名にとっても貴重だった弾薬を戦場で惜しみなく射耗《しゃもう》させた。これには織田軍といえどもひどく手を焼かされた。当時の本願寺は、海軍を自在にあやつる「ビッグ・ボス」でもあったのだ。

だからまず信長が、本願寺跡地に築城して、戦略物資の海外からの輸入を確実に統制しなければならないと決意した。

秀吉は、その先君の判断を継承した。そのうえで、堺港での対外貿易の実態を承知すればするほど、大坂湾が自分の政権の一大財源になるとも信じられたのだ。かくして、瀬戸内ハイウェイを船でやってくる西国人や明国人に、誰が海上交通の支配者かを示すようなランドマークが造営された。

秀吉は、敵を亡ぼすよりも、活かして利用するタイプの帝国建設者だ。政治的な司令部は伏見からは動かさず、京都朝廷の権威と一体化することの価値も、よく弁《わきま》えていた。

大坂城普請の壮大な事業の人的・物的な動員の模様は、瀬戸内ルートを通じて、西国一円に刻々と口コミで伝えられた。いまだ秀吉に恭順《きようじゆん》する気がなかった四国や九州の有力大名（長曾我部《ちようそかべ》、島津《しまづ》など）も、領民の方が先に「とても上方勢と争っても勝ち目はなさそうだぞ」と印象されてしまえば、決戦に臨もうとする前に足もとの士気と団結は崩されているわけである。

そして大坂城が完成した直後、工事と西国遠征にフル動員されていた秀吉方の戦争資源は、一転して東国の「小田原攻囲《こうい》」へ集中された。大坂城は、兵粮《ひようろう》（籾《もみ》米や糒《ほしいい》）や弾薬の日本最大の補給倉庫となって、そこから兵站を支える無数の小舟艇が沿岸航法で相模湾まで物資を届けた。

しかし一方で、大坂城内に蓄積された厖大《ぼうだい》な兵粮と貨幣は、秀吉の没後に全国の牢人《ろうにん》（主を失った武士）とその家族を引き寄せてしまう。これらの「失業武士」が幾度でも戦争の起こることを望んだがために、豊臣家が平和的に徳川体制下で存続する路線は、選びようもなくなってしまった。

徳川家康《とくがわいえやす》と江戸《えど》

江戸は、近世日本の活力を吸収し、世界の巨大都市に成長する。徳川氏による長期政権は、その繁栄あってのものだった。ところが、あまりにも巨大化しすぎたゆえ、致命的な弱点を抱えるようになってしまう。もはや陸上輸送による物資搬入のみでは、増大した消費を支えられないのだ。

徳川家康はなぜ駿府《すんぷ》（いまの静岡市）ではなく、また、小田原、鎌倉、八王子《はちおうじ》などでもなく、江戸に幕府を定めたのだろうか？

そもそも徳川家の旧領を捨てさせ、江戸への移転を家康に呑ませたのは秀吉である。秀吉は、「江戸は開発のし甲斐《がい》があるところだ」と言った。そのとおりだった。

一六〇三年頃はまだ中緯度地方は寒冷期のさなかで、汀線《ていせん》（水面と陸地の境）が後退するにしたがって関東平野の耕作適地はもっと広がるのではないかと期待ができた。大がかりな治水土木工事のノウハウも、道具や資材も、労働力にも、不足はない。ならば将来、利根川の流路を変えるなどすれば、土地をどんどん増やせるのである。

大坂城は、南から北へ延びる舌状台地の先端に築かれた。同じように江戸城は、西から東へ連なった舌状台地の先端に築かれている。濠割《ほりわり》工事により、その「舌先」だけ切り離すようにすれば、台地の周囲は低湿地や干潟や海だったから、とりあえず防備の上でも安心だ。

濠や運河の廃土《はいど》を埋め立てに使えば、東側へ城下町（屋敷地と町屋）を随意《ずいい》に拡げることもできた。下町は、網の目のような水路により、それ全体が「港湾埠頭《ふとう》」として機能する。近世大都市の住民を養うに足る食料と物資（とくに薪炭《しんたん》）は、けっして「地場《じば》」の産品だけで賄《まかな》い切れるものではない。河川と沿海の水上交通による物資搬入の便が重視されなければならない。

『古事記』によると、雄略《ゆうりやく》天皇が四六〇年頃に葛城《かつらぎ》山に行幸したとき、周囲の山にはすでに樹木はなかった。山林を頻繁《ひんぱん》に根こそぎ刈りとったり、焼き立てたりしていると、そこは一年生の草木しか生えぬ「草山」となるのである。

熊沢蕃山《くまざわばんざん》（一六一九〜九一年）が出仕《しゅっし》した岡山藩でも、森林資源の涸渇が大問題だった。

戦乱の時代には山林は自然復活してくれるのだが、平和が戻ってくると、都市に近い山はすぐ濫伐される。そして、歴史的に早く開けている地方ほど、燃料にする材木の入手に苦しむようになる。これはもっと後の話だが、たとえば三田尻《みたじり》（防府《ほうふ》）などの塩田地帯では、海塩を得るのに必要な燃料として、十八世紀末から石炭を活用することでエネルギー危機を解決した。

十七世紀に新しい城下町を大きく栄えさせたいと思ったならば、末長く、薪炭の補給に不足が起きないようにはからわねばならなかったはずだ。柳田國男《やなぎたくにお》によれば、一軒の家は、年に三駄《だ》から五駄（一駄は馬一頭が背に載せて運ぶ量で、九十キロは超えない）の薪《たきぎ》を、煮炊きのために消費する。

一六〇三年当時の武蔵野《むさしの》には、雑木林が無限に広がっているように見えただろう。もしそこをすっかり畑にしてしまったとしても、なお秩父《ちちぶ》山地から河舟で竹木薪炭を集荷することができた。その中間荷捌《にさば》き点として発達したのが、川越《かわごえ》市である（明治八年に鉄道駅を謝絶《しゃぜつ》したことにより衰微する。川越に駅ができたのは大正時代に入ってから）。

幕末には、百万都市を維持するために河舟輸送だけではどうにもならなくなっていた。諸国から炭や食料を積んだ船が、江戸湾に間断《かんだん》なく入港した。

ペリー艦隊は、偶然にもこの江戸湾の入り口を塞《ふさ》いでしまったことで、江戸幕府に「内陸での持久戦に訴えてでも撃退しよう」という考えを捨てさせた。時間が経《た》てば経つほど、江戸市中では必需物資が絶対的に不足し、それは荷駄《にだ》や荷車による陸送で補うことはとうてい不可能だったから、人心が幕府を離れて、挙国一致の戦時体制が足もとから瓦解してしまうことが分かりきっていたのだ。

江戸湾の入り口を塞がれたら、幕府は終わり

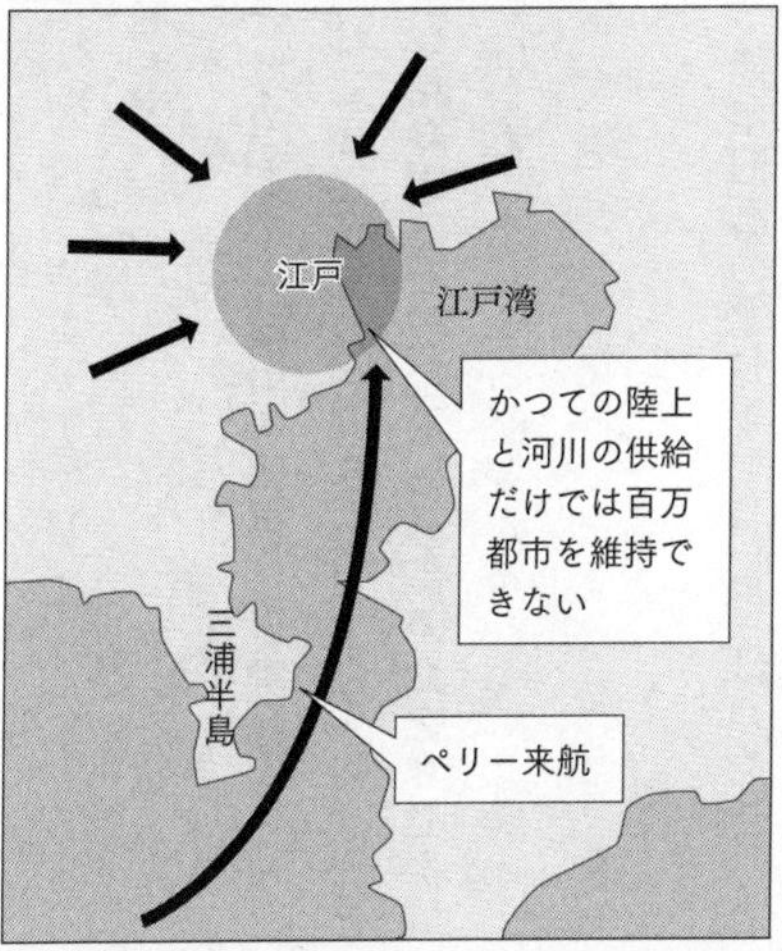

東京「奠都《てんと》」と蝦夷地《えぞち》

明治新政府を早々に悩ませたのが、箱館《はこだて》(函館)で起きた「徳川脱籍軍」の蜂起《ほうき》だった。いうまでもなく北海道は北方防衛の要であり、ここを叛乱軍に押さえられたならば、日本国の統一がなくなって、外国からの干渉に抵抗し難くなる。叛乱軍に独自外交をさせないためにも、諸外国に向けて自分たちの政権の優位をアピールする必要があった。

慶応《けいおう》三年(一八六七)に大政奉還《たいせいほうかん》が実現され、翌年旧暦の七月十七日に、江戸を東京とする旨の詔書《しょうしょ》が発せられた。同月二十七日には越後の長岡《ながおか》城が陥落。続いて九月八日、元号が「明治」に改められた。

その明治元年九月二十日には明治帝は「東幸《とうこう》」のため京都を発《た》ち、十月十三日に東京城(江戸城)入り。十一月十九日からは「東京府」が正式にスタートした。

天皇は十二月にはいったん京都還御《かんぎょ》(お帰り)となるものの、翌明治二年三月七日に再度東幸。同月二十八日（旧暦）以降は、ずっと東京が安定的な御在所《ございしょ》となっている。

この西から東への大がかりな皇室動座《どうざ》は、地政学的には、どんな意味があったのだろうか？

まず明治元年九月〜十月の東京御幸《ごこう》だが、薩長土肥《さっちょうどひ》を主力とする官軍は同年五月に旧幕の残党軍たる彰義《しょうぎ》隊を上野《うえの》山から叩きだしたばかりで、戊辰《ぼしん》戦争は北関東以北で継続されていた。会津《あいづ》戦争（同年八月二十三日〜九月二十二日）は、この内戦の終息の流れを決するものとして衆目が注がれていたところ、有力蒸気艦隊を擁《よう》した榎本武揚《えのもとたけあき》率いる徳川脱籍軍がとつじょ十月二十六日に箱館五稜郭《ごりょうかく》を占領したせいで、ふたたび先行きは不透明化した。

榎本一党の「旧幕臣テクノクラート」は多くが欧米留学経験者や対外国接遇役経験者なので、蝦夷地から勝手に「外交」を展開する恐れが強かった。北海道がかりそめにも分離独立しようとし、そこに外国軍が駐留でもしたら、後がたいへんである。

明治新政府としては、とくに江戸から横浜にかけて居住する各国の外交官や有力な商人たちに、日本国の軍事主権と経済主権がいまや新政府によって確実に掌握《しょうあく》されているということを是非にも見せつける必要があったのだ。

「新政府は天皇や朝廷と一体であり、徳川幕府にも実行不能であった関東行幸《ぎょうこう》をさせることすら、このとおり粛々《しゅくしゅく》とできてしまう」

「わが新政府は、旧江戸幕府の全対外債務を東京で継承しますよ」

そういったデモンストレーションぐらい、江戸市民を納得させ、外国人を満足させるものはなかった。

そのおかげで人々は、これから徳川脱籍軍がいかほど粘り強く抵抗しようとも、日本国の権力が徳川脱籍軍の手に渡るような可能性はゼロなのだと早々と理解した。新政府には確実な「信用」が生まれる。それは、列強が露骨な内乱介入を考えることを控《ひか》えさせるという、はかりしれないメリットも、もたらす。

逆に徳川脱籍軍は未来の信用を失うから、誰も彼らに、石炭や武器・弾薬、その他の軍需品をツケで売ってやろうとはしなくなる。近代戦争の大前提である「補給」の戦いで、徳川脱籍軍は「敗《ま》け」が確定するのだ。

新政府軍が、洋式装備の徳川脱籍軍を軍事的に圧倒してみせれば、遠い将来の不平等条約の改正交渉にも必ず追い風となるはずであった。リアルな近代国際政治では、「負け犬」にはどんな取り分もない。明治の元勲《げんくん》たちは、このさい天皇を動員してでも内戦に完勝す明治新政府は徳川脱籍軍より信用できる？

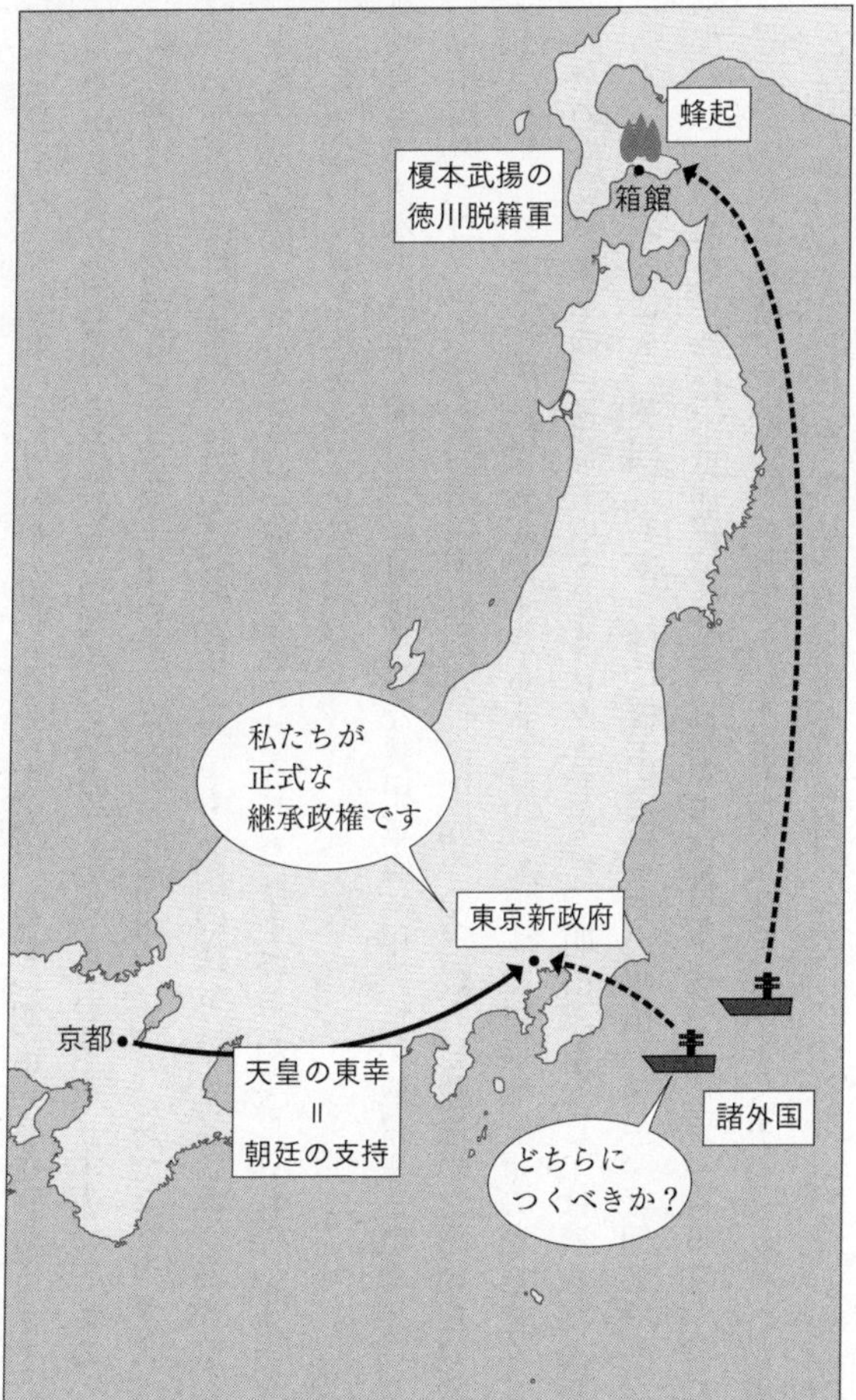

る必要を認識していた。

「東京遷都」に反発したのは、京都の貴族たちだった。お若い明治天皇ご自身も京都には強い愛着がおありだった。公卿が「お上」の代弁をしたともいえる。上方を宥《なだ》めるために、新政府は「遷都」という言葉を使えず、「奠都《てんと》」（遷《うつ》すのではなく、新たな都をもうひとつ定める）と公称。現在まで、正式な詔《みことのり》によっても、国の法令によっても、「わが国の首都は東京」と定義されたことは一度もない。こうした歴史経緯が尊重されているのだろう。

新政府は、榎本の巨艦「開陽」に対抗可能な装甲軍艦「甲鉄《こうてつ》」の取得や蒸気船用石炭の蓄積に手間どった。そのため明治二年三月九日にようやく、蝦夷地奪還のための攻略艦隊が品川《しながわ》沖を発している。それでも北関東から青森県まではすでに反政府軍の影を見なくなっていたので、事実上の「遷都」のタイミングとしては、明治二年三月末は適宜《てきぎ》だった。

これでフランス公使も、英国にあてつけて榎本らの「蝦夷政権」を「交戦団体」として承認するような内政干渉は不可能になった。榎本らは借金を踏み倒す公算も大なのに対し、明治新政府ならば、「甲鉄」買収で示したごとく、債務はハードカレンシー（国際通貨）で完済してくれるのだ。フランスも日本政府に対する大口の債権者（たとえば横須賀《よこすか》に海軍工廠《こうしょう》プラントを建設してやった）である。パリからは当然に東京新政府への協力を命じてきた。

新政府軍が青森から北海道へ逆上陸したのが明治二年四月九日（新暦一八六九年五月二十日）。箱館五稜郭の榎本が降伏・開城したのは、同年五月十八日（新暦六月二十七日）であった。

榎本武揚

東京に入る明治天皇

月岡芳年筆「東京府京橋之図」より
（早稲田大学図書館蔵）

「軍都」大阪

大阪は、かつて京都、東京と合わせて「三都《さんと》」と呼ばれ、いまも京都とともに「府」である。これは大阪が、西日本（西国）、とくに九州で叛乱があったとき、「討伐」の軍事拠点になりうる地と考えられたからだ。この発想は、豊臣時代のそれと変わりない。

京都ではなく東京に、日本の政治的首都と宗教的首都の機能が集約されたあとも、まず京阪神方面に「陸軍士官学校」の前駆機関が創設されているほか、明治期の「大阪砲兵工廠《こうしょう》」は、「東京砲兵工廠」が取り扱わない巨砲を製造する近代日本最大の陸戦兵器工場でありつづけた。

いったいそれは何ゆえだろうか？

明治元年、京都伏見に、天皇の親衛（親率《しんそつ》）部隊となる含みもあった「陸軍兵学校」ができる。それは明治二年九月には、大阪城の京橋御門口《きょうばしごもんぐち》に移されて「大阪兵学寮」になった（東京の和田倉《わだくら》門外《もんがい》備前《びぜん》藩邸《はんてい》跡地への移転は明治四年末）。同年十一月には「軍医院」「銃砲製造局」「火薬製造局」も相次いで大阪に設立された。翌年二月には「大砲製造所」（大阪砲兵工廠の前身）が操業開始。

明治二年七月八日に東京に「兵部《ひょうぶ》省」を設けたとき、組織を設計したのは、長州閥の蘭医で、兵部大輔《たいふ》（次官だが、ボスがお飾りの皇族なので事実上のナンバーワン）の肩書きを与えられた大村益次郎《おおむらますじろう》であった。

大村は、当面の日本の筆頭軍事拠点は大阪でなくてはならぬと考えた。

理由は、東京の新政府で高位顕官《こういけんかん》にありつけなかった薩摩人が、いつか必ず新政府に叛逆して西日本から「内戦」を起こすと予想したためだった。さらに大村は、長州と薩摩が最終決戦を闘い、長州が勝利した後に、明治維新も大進展するだろうと信じていた。

大村は明治二年九月に闇討《やみう》ちされ、十一月に死んだ（薩摩筋の刺客であった疑いは濃い）が、大村構想は長州人（山田顕義《やまだあきよし》、山縣有朋《やまがたありとも》）よりもむしろ薩摩の大久保利通《おおくぼとしみち》によって率先して引き継がれた。

明治四年七月の廃藩置県と同時に、四個の「鎮台《ちんだい》」（後の師団だが、海外作戦ができるような兵站組織はもっていない）が置かれ、大阪鎮台（後の第四師団）は東京鎮台に次ぐ規模とされた。

その大阪鎮台に大砲のタマをふんだんに補給してやるために、大阪の官営軍需工場は大拡充される。明治五年からは、フランス式の軽榴弾砲《けいりゅうだんほう》である「四斤山砲《しきんさんぽう》」およびその砲弾の量産体制に入った。

また、陸軍の下士官を養成する「教導隊」も、いまの高校生ぐらいの年からエリート軍人を育てていこうとする「幼年学舎」（後の陸軍中央幼年学校）も、まっさきに創建された場所は大阪であった。

明治七年に「佐賀の乱」が起きると、大久保は、大阪鎮台と熊本鎮台に「討伐」命令を出した（最終的に四個鎮台と一個近衛聯隊が汽船で博多《はかた》へ集中）。大村が予測したとおりの展開だった。

明治十年の西南《せいなん》戦争では、大阪鎮台は戦死一二四二名と、最多の犠牲者を出した。それに次いだのが東京鎮台の九九六名である。

しかし大阪で徴兵された兵隊が集められる「陸軍歩兵第八聯隊」は、精強さで恐れられる部隊ではなかった。大阪は二次・三次産業に就職口がよりどりみどりであったため、地元出身の素質が高い下士官候補者は聯隊にとどまってくれず、徴兵現役任期満了とともに上等兵で除隊してしまうためだった。地元出身ではない下士官を集めて中核としなければならない聯隊は、どうしても部隊としての団結と士気が振るわないのである。

明治期のいっとき、「東京」と「京都」と「西京」（大阪）の三都ともに首都格としてはどうかという話もあった。しかし不平士族がいつ、副都を根城《ねじろ》に反政府運動の拠点づくりを進めないとも限らない情勢下では、そのような試行は日本国内の分裂と対立をそそのかすだけに終わったであろう。

大村益次郎

靖国神社参道に立つ銅像。日清戦争前に兵器受注が落ち込んだ東京砲兵工廠が鋳造した。第二次大戦中もこれだけは金属供出されなかった。その理由を考えると、長州と薩摩の維新抗争の根深さがわかるだろう

紐《ひも》状《じょう》都市と円状都市

現代日本は、一極集中の傾向が著しい。これは、核兵器などの攻撃に対して脆弱《ぜいじゃく》な国土構成だ。たった一個の爆発で、重要な機能が全部停止してしまう。

農業、なかんずく水稲作が最大の産業であった往時、日本列島内の権力地盤は、温暖期には東国（重心は関東）へ、寒冷期には西国（重心は近畿）へと移ろった。

第二次産業が日本経済を牽引するようになると、良港が複数あること、豪雪に悩まされないこと、鉄道や道路と大都市（労働力供給地および大消費地）の連接条件が佳良《かりょう》であったことが、「太平洋ベルト地帯」の価値を浮上させた。近代の首都東京は、その活動の頭脳であり、また心臓でもあった。

それならば、デジタル通信やソフトウェアや人工知能が先導するとされる現下の世界的な趨勢《すうせい》の中で、日本列島の頭脳と心臓は、ひきつづき東京のままでいいのであろうか？

著者は提言したい。「涼しさはパワーである」と。

毎年七月から十月まで、関東以南のクーラーの効《き》いていない場所では、誰も複雑な問題に念入りに取り組む気力が起きない。人生の三分の一を、なかば朦朧《もうろう》とした理性で見切り発車を繰りかえしながら進むことを強《し》いられている。学生や生徒にとって、あるいは研究者や起業家、クリエーターにとって、あるいは国家の大政策を審議する人々にとって、これが非効率と不利益の元凶となっていないはずがあろうか？

「脱工業化」などと言われるようになって以降の日本経済と日本政治の情けない迷走は、暑すぎる東京都に日本の頭脳をひきとどめておくことにより、優秀な人材をしてわざわざ「知的活動の無駄づかい」をさせているせいでもあるのかもしれない。

であるなら問おう。わが国は、新時代に合理的に適応させる目的で、さらに国家中心を東方（北方）の冷涼地へ移すべきなのか？

著者おもうに、日本の行政首府と最先端大学は是非とも「熱地圏」からは脱出するべきである。が、別に「一塊《ひとかたまり》の新都」を定置するというイメージは、新時代と整合しない。奈良時代に生まれたその発想は、遅くとも昭和末期には用が済んだ。

宇都宮《うつのみや》市から青森市までに至る在来鉄道線（ほとんどはＪＲ東北本線）に沿って、細長く

「紐状」に、首都機能を分散するのが適切であろう。

今日の核兵器の爆発エネルギーは必ず「三次元的」に放散される。敵の核ミサイルが、同心「円状」に発達したわが大都市の中心部を外すことはまずないだろう。これだと、消防署も、自衛隊基地も、病院も一網打尽にされ、麻痺《まひ》してしまうから、誰も住民を救えなくなるのだ。

しかし、「紐状」に延々と再開発された新都市を一発（もしくは数十発）の水爆で破壊し、殺傷し尽くすことは誰にもできない。「紐状」に点在する消防署や病院などは、爆心点から一定の距離以遠では必ず生き残り、ただちに被災街区に対する救助活動を始動できる。

数学的に、敵の核兵器の毀害《きがい》効率をいちばん悪くしてやれるのが、「紐状首都」である。二十一世紀の重要政策課題として意識すべきだろう。

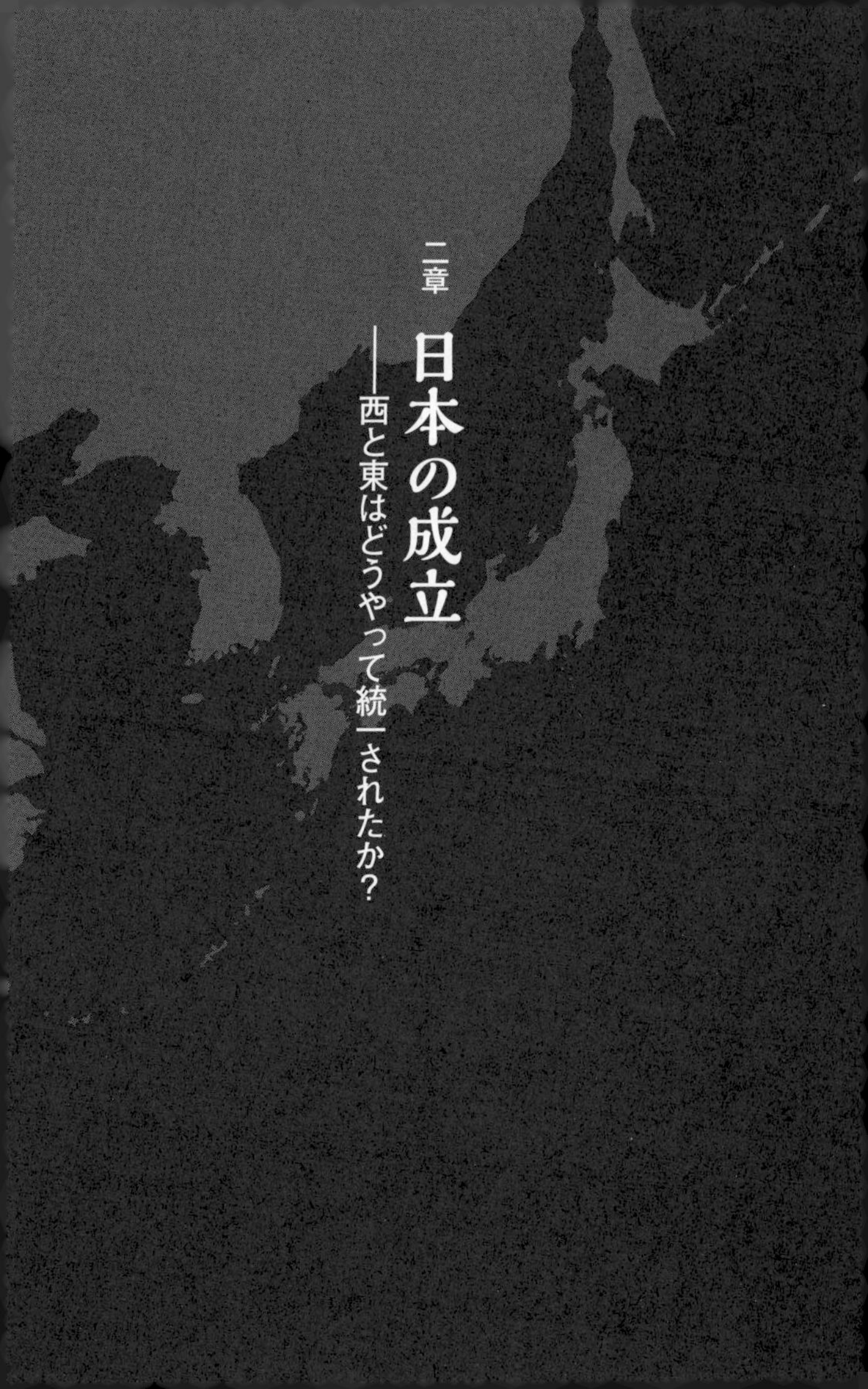

二章

日本の成立

――西と東はどうやって統一されたか?

前章では、日本国の政治的中心（宮都と幕府の行政首都）の「移動（遷都）」から、地政学的な意味を考察した。本章では、「中央」に組みこまれていった「地方」の歴史をもう少し幅広く見てみよう。

西国と東国は、いかにして統一政権の「西日本」と「東日本」になったのか？

九州の鎮圧

常に半島の政治工作にさらされていた九州を、いかにおとなしくさせるか。それが、古代においては、中央政権の重要課題だった。

清寧《せいねい》天皇（即位四八〇年）から継体天皇（即位五〇七年）までの四半世紀は、皇位継承が順調に行かないことが多く、それに「三韓」からの工作員が贈賄《ぞうわい》によってつけこんだため、ヤマト政権の結束は乱れた。

継体天皇を皇位につけてキングメーカーとなった有力中央豪族の大伴金村《おおとものかなむら》（自邸は摂津《せっつ》住吉にあり）は、他方で、日本の武力の後ろ盾《だて》なしには高句麗にも新羅にも対抗できなかった百済のエージェントであり、五一二年には、任那国の西部地方を百済へ割譲《かつじょう》してやった。

これに新羅が怒って対百済の軍事活動を強めたので、ヤマト政権は、新羅を膺懲《ようちょう》する

（こらしめる）ための遠征軍の派遣を計画する。すると危機感を覚えた新羅が五二七年、筑紫《つくし》の国造《くにのみやつこ》（実力派地方豪族）の「磐井《いわい》」に、対中央の叛乱を起こさせた。

当時の九州地方は、対半島の遠征兵力を負担する（原住民の隼人《はやと》を徴兵して差しだす）代わりに、中央への納税は免除されていた。「磐井」のような豪族はその慣行も利用して、半島貿易で天皇家をもしのぐ蓄財ができていたのだ。

この叛乱は、「三韓」との通商にはあまりタッチせず、古来より武俠《ぶきょう》をもって知られた物部麁鹿火《もののべのあらかひ》の率いた征討軍によって、翌年までに鎮定された。「磐井」本人は半島へ逃げたとも噂された（福岡県八女《やめ》市の岩戸山《いわとやま》古墳が「磐井」の墓であるという説もある）。

半島に統一王朝がなく、任那と「三韓」が互いに攻伐《こうばつ》しており、なおかつ基調として日本側から半島へ軍事圧力を及ぼしていた時代であったおかげで、この「磐井の乱」に乗じて半島から北九州へ「叛乱加勢部隊」が派遣されるようなことにもならなかった。

その後、継体天皇の子が三代続けて天皇に即位し、「大和朝廷」は安定を回復させた。大伴氏は勢力を失うが、発言力を強めた物部氏には外交のセンスは皆無であるため、「三韓」は日本をあなどった。国際政治を最もよく解《わか》っていながら、武闘の力を持っていない新興テクノクラートの蘇我《そが》一族には、当面どうすることもできなかった。

六七二年（寒冷ピーク）の壬申の乱で近畿方面が混乱したときも、西国、とくに九州で事変に呼応した動きがあったという記録はない。ちょうど新羅が百済を滅亡させようとする前夜だった。半島側にもそんな余裕がなかったのだ。

聖武《しょうむ》天皇時代の七四〇年（やはり寒冷期）には、新興漢学エリート官僚たちとの政争に敗れて大宰府へ左遷されていた藤原広嗣《ふじわらのひろつぐ》（難波宮の造営を主導した藤原宇合《うまかい》の子）が叛乱を起こした。広嗣は新羅や唐と連繫《れんけい》するかもしれないと警戒された。しかし、規律厳正な東国軍団が呼び集められて「瀬戸内物流ハイウェイ」経由で派遣されると、烏合《うごう》の衆に近かった隼人軍は短期間で制圧された。

難波津から筑紫への派兵は、半島から九州への派兵よりもずっと早くできたのである。

東国の制圧

かつて畑作中心だった東国、とくに東北地方を最終的に中央（西国）に服従させたのは、国策としての水稲作の普及だった。しかし寒冷地が水稲作を導入することは、気候変動の影響を受けやすくし、食糧生産の不安定を甘んじて受けいれることと同義だった。

ヤマト政権の誕生から幕末にかけて、わが国の東国は逐次《ちくじ》に西国勢力により征服された。かつてそこにあった縄文文化は、西から広まった弥生文化（水稲作の文化）によってすっかり塗りかえられた——。

そう考えていいのだろうか？　青森県以南についてみるならば、まさにそのとおりだ。米国の人類学者ルース・ベネディクトは、日本の天皇制のルーツが古代の南洋島嶼《とうしょ》にあることを鋭い観察力で推定した（『菊と刀』）。島々には神聖な祭祀《さいし》王がひとり置かれる。政論・軍争・経済競争からは超然とし、その身体は不可侵《ふかしん》だ。祭祀王の仕事は、ひたすら毎年の島内豊穣《ほうじょう》を祈ることのみであった。

この制度（古代南洋天皇制）は、いまの天皇家のルーツである弥生人の集団が日本列島に侵入しはじめた時点で、日本の津々浦々に存在した。おそらく瀬戸内圏でそれらをゆるやかに束《たば》ねていたのが「やまと国」（いわゆるヤマタイ国）であった。ヤマト政権は、その制度が大陸式（シナ王朝式）の政体よりも住民を幸せにできることを認めて、平和裡《り》に同化し、踏襲《とうしゅう》した。それで「ヤマト」という現地発音には「大和」という表意文字があてられた。

古代南洋天皇制と、日本の天皇家祭祀の顕著な違いは、天皇家の祭祀がことさらに「水稲作の豊穣」を祈願するところにある。「粗放畑作」や漁労採集にこだわる者のために、日本の天皇家は祈らない。集団的な水稲作を実践せず、生産性は低い代わりに自由気ままな暮らしを続けたがる原住民は、中央の視点から見れば「まつろわぬ者たち」だった。

春から夏にかけての水温（地温）が十分に高ければ、水稲農業は驚異的な反収《たんしゅう》をもたらしてくれる。しかし、もともと南方の植物である水稲は、地球が寒冷化した弥生時代以後の奥羽地方では、安定的な収穫をけっして約束しなかった。その無理を押しつけられた東北人は、じつに一九五〇年代までも「不作と餓死のリスク」に人生観を支配された。石原《いしわら》莞爾《かんじ》や東條英機《とうじょうひでき》ら東北出身の近代軍人が天皇制国家を自爆させても構わぬと考え、行動したのは、長い目で見れば、ヤマト政権への東北からの「復讐」なのである。

狭い日本を人口大国に、そして近代強国にまでしてくれた独特の水稲作は、日本人から「個人の自我」を奪った。そのメカニズムを解明したのは、玉城哲《たまきあきら》（一九二八～八三年）ら、戦後の灌漑水利《かんがいすいり》社会研究者たちだ。

西欧農業は「有畜畑作《ゆうちくはたさく》」が主軸で、用水は天水（雨）を頼むから、農地ごとに人は自由に独立できる。

かたや秦漢《しんかん》以降の大陸中部以南と朝鮮半島では、低位置にある大河から揚水《ようすい》することで水田に灌水《かんすい》する必要があり、巨大河川の管理役として、西欧とは異質な「広域専政《こういきせんせい》」（絶対君主が広大な土地を支配）が期待され、農民は国家から統制を受けた（これを戦前に指摘したのがドイツ共産党員のカール・ウィットフォーゲル）。しかし、揚水のための労力は一家一族の財力で贖《あがな》えるので、個人は家長に絶対服従するだけでよい（この考え方が儒教に結びつく）。

それに対して日本の水稲作は、傾斜地特有の「重力灌漑」に依存するので、分割不可能な水利系と自作農家が運命共同体となる。個人の自我は、家でも国家でもなく、水利共同体、すなわち「字《あざ》」に預けられた。ほとんどの日本人がいまでも村《むら》的集団への同調圧力に逆らえず、大学生がぼっちだと居酒屋へも入れないというのは、このためなのだ。
もともと畑作中心で人口密度が低かった奥羽地方の住民は、「西国式」の水稲作をヤマト政権に強制されたことにより、古代には保持していた「個人が気ままに生きるライフスタイル」を奪われた。中央（西国）に対する恨みが深くても無理はないだろう。

江戸後期の東北の飢饉

「天明飢饉之図」より
（福島県会津美里町教育委員会蔵）

西の甘藷《かんしょ》、東の馬鈴薯《ばれいしょ》

何十万人もの人民を餓死させてしまうような為政者に、政権を担任する資格はあるだろうか？　水稲作に執着した近代以前の地方政権は、イモという有効な作物の存在を知っていながら、普及努力を怠った。東北で起こった大飢饉《ききん》は人災だったといえる。

ドイツは近世以降に普及した冷涼地域向きのイモ——「馬鈴薯」（ジャガイモ）のおかげで、近代強国化が実現したともいわれる。日本列島では、その馬鈴薯だけでなく、英国等では栽培が難しい暖地向きの「甘藷」（サツマイモ）も、東北以南で栽培が可能であった。どちらも中南米が原産の外来植物であった甘藷と馬鈴薯は、日本国内の西と東の権力バランスにどんな影響を与えただろうか？

中央アメリカ高地が原産の甘藷（スウィート・ポテト）は、スペイン領時代のフィリピンから明国へ持ちこまれ、そこから沖縄を経由して薩摩に知られたようだ。英国商人が一六一五年に平戸港《ひらど》に甘藷を持ちこんだことも分かっている。

元禄時代《げんろく》には種子島《たねがしま》で大いに栽培されていた。

やがて蘭学者の青木昆陽《あおきこんよう》（一六九八～一七六九年）が、伊豆諸島に向いた「救荒作物《きゅうこうさくもつ》」（飢饉や災害などの備えとなる作物）として甘藷に着目。関東一円に普及させた。

本州では「薩摩芋《さつまいも》」と呼び、当の九州では「琉球芋《りゅうきゅう》」とか「唐芋《から》」と呼んでいたわけは、こうした来歴によるのだ。

関東諸藩が天保《てんぽう》の飢饉（一八三三～一八三九年）を乗り越えられたのは、この甘藷のおかげであったという。

甘藷は温帯では種芋が大きくなるまでの期間が長いため「裏作」にはならない。しかし連作障害がなく、水田と同じ耕地面積があれば、カロリー・ベースで水稲に匹敵する収量を容易に得られた。他のイモ類より水分が少ないため、掘りだした後も一定期間はそのまま保存できる。まさに、南国のシラス台地や火山性離島の住民のために天が与えてくれたような外来新作物であった。

日本独特の水稲作文化は、「耕作者の自我」を「字《あざ》」（灌漑水利共同体）に預けることを促《うなが》してきた。ところが薩摩でのみ、「自我」は各個人のものだった。なぜなら甘藷栽培には、「用水路」という面倒な共同管理資産がいっさい不要だからである。しかも薩摩の軍制では、耕作者は同時に武士であったから、刀に訴えて少数意見を主張することが可能だった。

馬鈴薯の世界的普及の跡をたどるならば、早くは一五九〇年代に、南アメリカ原産のナス科の珍植物として欧州へもたらされている。

十六世紀の「囲いこみ」運動（農地が次々と綿羊《めんよう》牧場に転換される）の帰結として、麦畑を次年に完全休耕させる余地を失った英国人は、蕪《かぶら》や馬鈴薯やクローバーを飼料作物として輪作する方法を編みだした。おかげで英国は小麦を大量に輸出できるようになったうえに、人口も二倍に増えたという。

農業気候がイングランドより不良なアイルランドでは、一七八〇年には（家畜ではなく）人間が馬鈴薯を主食とするようになった。馬鈴薯ならば、同じ作付け面積で、ライ麦やカラス麦以上の人口を養うことができた。

概して農民たちは、まったく未知の作物にはなかなか手を出したがらぬものだ。そこでドイツ諸邦では君主が率先して国内での馬鈴薯の植え付けを勧奨《かんしょう》した。

一七七八年にプロイセンとオーストリーとのあいだでバイエルン継承戦争が起きたと

き、互いの前衛部隊は、目についた畑からイモを略奪した。兵隊たちは「馬鈴薯戦争」(Kartoffel Krieg) だと自嘲《じちょう》した。

一八三〇年代にはポーランドやロシア西部にまでもすっかり馬鈴薯が普及し、東欧地域の人口増に大きく貢献している。

一方の極東では、樺太《からふと》南部や満洲《まんしゅう》北部までなら馬鈴薯は栽培できたが、それより北だと、もう育たない。だからロシアから見て満洲の領有は、シベリアで軍隊が自活補給するためには不可避の長期政策となったのだ。

日本へは、戦国時代のある時点で、南蛮船により、「ジャガタラ (ジャワ島) の芋」としてまず九州に紹介された。

そして蝦夷地の江差《えさし》には、一七〇六年に持ちこまれて栽培が広がったという記録がある。

しかし東北でも、蝦夷でも、農民はその栽培にまったく熱心ではなかった。いくつか理由が考えられる。

まず、換金しにくい。土の中から掘りだしてしまうと、籾米《もみごめ》のように何年も貯蔵することはもちろん、精米のような長期保存も利《き》かない。水分を含むから陸上での長距離輸送を試みればコスト倒れになってしまう。基本的に「地産地消」するしかないのである。

そして、塩か醤油が十分になくば、馬鈴薯料理はなかなか美味だとは感じられなかった。またそれに対して日本の米食が、美味すぎた。購買力のある消費者ならば、米食を選ぶに決まっていた。

もしも、東国に堂々と「肉食」する文化が残されていたなら、馬鈴薯栽培を中軸に据《す》えた「有畜農業」を導入することで、奥羽と蝦夷は近代以前において「日本のプロイセン」になりえたかもしれない。

そこまでいかずとも、東北諸藩の領主や家老にドイツ諸侯並の研究心と政治的責任感があったのならば、とっくに馬鈴薯は有力な救荒作物とされて、天明《てんめい》の大飢饉（一七八二～八七年）以降の万単位の領民の餓死はすべて避けることができたと考えられる。江戸時代の東北の大飢饉は、当事者たちの蒙昧《もうまい》と無気力が招いた「人災」なのだ。

いま、北海道が馬鈴薯の一大産地となっているのを見れば、その感はいっそう強くなるだろう。

東北地方では、昔は冷害に強い「稗《ひえ》」が代表的な救荒作物だった。脱穀したまま何十年でも貯蔵できるので、各地の城砦《じょうさい》にはたいてい稗の備蓄倉があった。稗は雨水だけで育つから灌漑設備なども必要としない。ただし、単位面積あたりの収穫カロリーはコメとは比較にならぬほど少ない。ゆえに東北諸藩としては、気候的にいかに不利であっても、西日本式の水稲作を苦労して続けるよりほかになかった。

青木昆陽

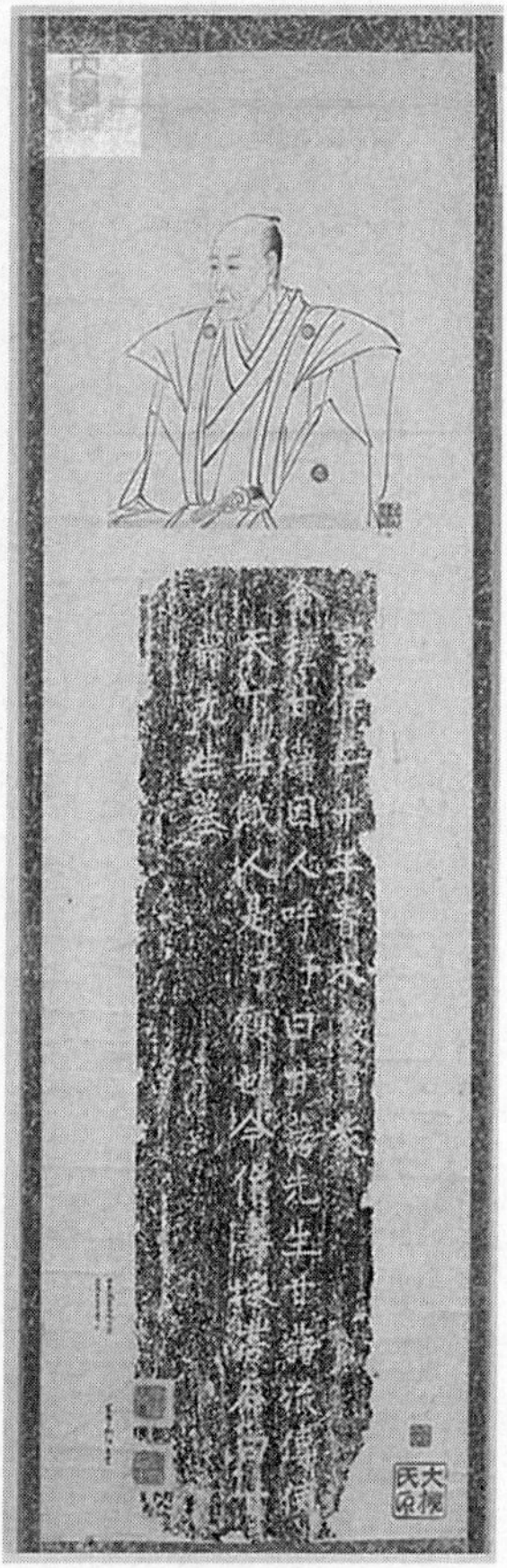

昆陽の愛称である「甘藷先生」の文字が見える。「青木昆陽肖像並びに墓碑拓本」より
(早稲田大学図書館蔵)

気候変動に影響される東国でも、人口は着実に増えた。だが識字率の低さは、残された大きなハンディキャップだった。中央政権にとって代わろうとするには、まだまだ時間が必要であった。

東国の叛乱《はんらん》

関東で起こった平将門《たいらのまさかど》の乱（九三五〜四〇年）と、平忠常《ただつね》の乱（一〇二八〜三一年）が鎮定されると、次の東国動乱の台風の目は、陸奥の安倍《あべ》氏（前九年《ぜんくねん》合戦・一〇五一〜六二年、後三年《ごさんねん》合戦・一〇八三〜八七年）になった。このことは、それ以降の関東が、中央政府の強いた秩序におとなしく服したことを意味するのだろうか？

この時期、大陸では九〇七年に唐が滅亡し、九三六年には滅亡した新羅に代わって高麗《こうらい》が半島を統一し、九六〇年には宋《そう》朝が北京《ペキン》より南側の大陸を再統一している。地球気候は「寒冷化」基調であった。それはユーラシア東部のステップ帯遊牧民（農業に依存していない）には総合的に有利に働き、日本の東国の農耕生産には不利に作用した。

宋帝国は樹立の当初から、モンゴル系や女真《じょしん》系の北方民族から、南下の強圧を受けている。高麗も、沿海州《えんかいしゅう》地方の女真族（刀伊《とい》）から海岸地帯を守るのに手一杯だった。したがって大陸と半島の王朝は、日本列島に対してはほとんど領土野心など起こす可能性がなかった。

京都で、自家の軍事力（手兵《てへい》）をロクに抱えていない貴族（藤原氏）が栄耀栄華《えいようえいが》をきわめ、国風《こくふう》文化を花開かせる余裕まで得ていたのは、この偶然の国際情勢（もっと大きくは気候変動）のおかげだった。

日本の東国の「土地開発ボス」（源氏や平氏、藤原氏を名乗った地方土着武士が多かった）は、頻繁に「凶作年」にみまわれたので、弱っていた。気候が一定ペースで寒冷化するだけならば、人口もそれにつれて徐々に減るから住民はとくに困らない。しかし、何年か高温で豊作が続いた後、急に冷夏凶作が襲うと、領主たちは、「増えた人口」を「乏《とぼ》しい収穫」で食べさせてやらねばならない。

結論はしばしば、腕ずくで隣接した他者の農地を奪う「私戦」だった。これが東国の「乱」の背景である。

地方領主たちは、中央貴族や寺社に私領からの産品を献納することで、その土地の公的所有権を法的に保証してもらっていた。つまりは税金だが、凶作が続けばこの税金もたいへんな負担になる。また、誰かから土地を奪った者は、その地権について中央有力者から裏書きをしてもらうために、やはり賂《まいな》いを届けねばならない。

地方武士に一定以上の「学問」があれば、中央貴族にペコペコする必要はなく、自分たちでいくらでも「機能する新政府」をプランニングもできただろう。しかし中世の中央と地方の「識字力」のギャップは、おそろしいばかりだった。

たとえば承久《じょうきゅう》の乱で北条軍が宇治《うじ》・勢多《せた》まで押しだすと、たまらず勅使が来た。だが泰時《やすとき》は、まず従兵五〇〇〇人の中から字が読める者を探す必要があったという。

これはよほど特殊な草書体だったためかもしれないが、もっとさかのぼると、源平合戦当時の鎌倉の御家人《ごけにん》の中で、頼朝にちゃんと分かるような「報告書」を前線からしたためることができたのは、梶原景時《かじわらのかげとき》（家系は平氏）だけであった。景時は和歌も詠《よ》んでおり、貴族交際の場でも臆《おく》する必要がない。いきおい景時は頼朝の軍事参謀格として重用されるが、東国武士の世界では浮いて憎まれてしまった（頼朝没後に一族こぞって上方へ脱出しようとしたが駿河狐崎《きつねがさき》で包囲されて戮滅《りくめつ》される）。

「文字」は古代オリエントの「都市」ではじめて体系的な発達をみた。ギリシャ人はフェニキア人からアルファベット表記術を輸入する以前には、哲学面でなんら世界に貢献はできなかった。古今東西、「都市」が安定的に持続し、そこで文学が琢磨《たくま》されぬかぎり、支配階級の識字率や教養も向上するものではない。わが国の東国は、「鎌倉」と「平泉」が都市化したことで、はじめて西国との学問ギャップを埋める第一歩を踏みだせたのである。

平安末期の西国《さいごく》と東国

源義経《よしつね》軍らに敗れた平家は、瀬戸内海を西へ西へと逃れていく。しかし、ついに本州と九州のあいだ、関門《かんもん》海峡で滅ぼされた。彼らはその先、どこへ行こうとしたのか？　九州を経由して半島や大陸に渡ろうとした形跡《けいせき》はない。

平家が西日本に収益の基盤を有していたことは疑いがない。一門の繁栄を祈って経文《きょうもん》や武具を納めたのは、瀬戸内にある厳島《いつくしま》神社や大山祇《おおやまづみ》神社だった。義仲《よしなか》軍や義経軍から追撃されたときも瀬戸内を西へ西へと後退した。しかし最後は、九州や半島や大陸に逃亡しようとするでもなく、平宗盛《たいらのむねもり》以下全員が、長門《ながと》の壇ノ浦《だんのうら》で捕えられるか殺されている。いったい彼らは何を頼りにしようとしていたのだろうか？

一一七〇年に平清盛が対宋貿易を開始したとき、地球は「温暖化」のさなかであった。ところが西国ではとっくに農業用水が利用限界に達していて、新田を開くどころではなかった。またこの地では、日照りが続いた後に強い雨が降ると、乾燥し切った地盤が地表水を吸収できずに洪水が起きて、既存の田畑を破壊する。麦二毛作（水田の裏作として）は、ちょうどこの頃にやっと一部で試行されればじめたばかりであった。

「不在地主」（みずからは都市部に住み、代理人に耕作させる）として西国荘園からの貢税に依存していた在京の支配階層（貴族や寺社）のあいだでは、総体の伸びが止まった土地収益の分け前をめぐる闘争が公然化した。僧兵団の強訴《ごうそ》や、有力寺社間の小戦争である。

しかし後白河法皇の「対寺院」専任部隊隊長となることで国政リーダーにのしあがりつつあった平清盛は、むしろ対宋貿易が一門にとっての「新田開発」と同じ意義があるだろうと、この時代を読んだ。

清盛は摂津《せっつ》に大輪田泊《おおわだのとまり》（兵庫島、別名・経ケ島《きょうがしま》）を築造して、対宋貿易船団のターミナルを整備しようとする。福原《ふくはら》（いまの神戸市）の先の海は水深が深く、航洋型大型船にとっては天然の良港だったのだ。瀬戸内ルートの中間点となる厳島には、避泊港《ひはくこう》（海路の悪天候を避けて、おさまるまで退避するための港）の機能があった。

だが、その貿易の黒字が平家の軍事力に転換されていくプロセスが回りはじめる前に、源氏方が蜂起《ほうき》してしまった。

一一八〇年夏に源三位《げんざんみ》頼政《よりまさ》を敗死させた直後、清盛は、諸国の源氏を追討《ついとう》しなければならないと考える。しかし、温暖化基調の気候変動の下で西国とは逆に農業が絶好調だった東国の武士団は、まさに西国に攻め上るのにも十分な物資動員力を養っていたのだ。

頼朝が当初予期した以上に、平家軍は弱かった。後白河法皇の手先となって近畿一円の寺院を敵に回していたうえ、対宋交易も、瀬戸内商人を広く巻きこんで発達させようという発想がなく、荘園かまたは専売公社かのように平家一門だけで「あがり」を独占することしか考えていなかった。そのせいで、瀬戸内の水軍が真の「友軍」とはなってくれなかったのである。

「平家の一族が殄滅《てんめつ》されれば、その西国の所領はぜんぶ東国の武士たちが分け取りにできる」という可能性が現実的になったので、義経軍はますます勢いづいた。

もし平家一門が半島や大陸へ脱出したいと思ったなら、対馬か九州南端にいったん立ち寄る必要があった。しかしそれを試みた形跡がない（源氏方では、平家が外国に亡命してしまうことをかなり心配していた）。地域の水軍（海賊）が、離反していたからであろう。

平家が最後に採《と》りえたオプションを地政学的に考えてみよう。

三種の神器が安徳《あんとく》天皇とともにあったのにもかかわらず後鳥羽《ごとば》天皇の「踐祚《せんそ》」（新天皇継

承）を強行した後白河法皇（見方によってはこれは大逆罪）が、頼朝と結託して勢力を振るっているあいだは、逃れる先としてはもはや蝦夷地しかなかったのではないか？

南風が優勢な夏のあいだに、関門海峡を北に抜けて山陰海岸を東進し、能登半島をかわして江差を目指すことができたであろう。さしもの熊野《くまの》水軍も日本海側の沿岸までは支配をしていなかった。また、東国武士はこの平家が立ち寄るであろう山形県や秋田県の海岸に出動したところで、何の恩賞も期待できないと知っていた。まして蝦夷地への大挙遠征など誰が企《くわだ》てえたであろう。

しかも、この平家逃亡軍が安徳天皇とその母、祖母らを連れていたなら、おいそれと手は出せない。むしろ、これを奉じようとする動きさえ起こりえたのではないか。

当時の北海道はいまよりもずっと暖かかった。鎌倉幕府軍が迫れば、江差からいくらでも北上して避けられた。時間を稼いでいるうちに、先に寿命が尽きるのは後白河と鎌倉幕府であっただろう。その後ならば交渉が可能だったはずだ。ふたたびあっさりと京都に迎えられる可能性すらあった。

さて平家が滅亡してしまうと、今度は異腹《いふく》弟の義経（かなりの「卑母」の子なので、頼朝のほうでは弟だとは思っていなかった）が頼朝から追討される身となった。彼は、西へ逃げようとはせず、かつて保護してもらった縁のある奥州藤原氏を頼る。

義経は、一ノ谷《いちのたに》から壇ノ浦までの沿道・沿岸で「奪い尽くし、犯し尽くし、殺し尽くし、焼き尽くす」ヴァンダル（五世紀に地中海沿岸を席捲した民族）の所業をたくましくしていたから、もし西国に潜入したら、たちまち住民によって刺し殺されたはずだ。東国の無学で野蛮な武士たちのあいだでのみ、義経人気は高かった。しかし義経には、政治リーダーの資質は皆無であった。

「義経追討」を名目として西国各地に「地頭《じとう》」を配し、全国の土地を貴族から剝奪《はくだつ》する作業を進めながら、頼朝は、東方では奥州藤原氏の領地を狙っていた。

自分たちが開発した土地に執着した藤原泰衡《やすひら》・忠衡《ただひら》兄弟は、蝦夷へ退避しようともせずに、逃げこんだ義経の扱いをめぐって内輪もめを起こしたあげく、滅亡する。

熊野《くまの》水軍

神武天皇の東進は、九州から始まり、瀬戸内海を通り抜け、紀伊半島の西岸を南下して迂《う》回《かい》、熊野の地より上陸した。このルートがそのまま、のちに水軍（海賊）の繁栄した地であることは興味深い。

源平合戦に動員された熊野水軍は、熊野灘を本拠として、太宰府から伊勢までの海上航路をほとんど自分の庭のようにしていた。

また、近くは土佐沖、遠くは伊豆諸島や三陸海岸の住民に漁法を教え、「奥蝦夷」（千《ち》島《しま》・樺太）の漁場を開発したのも、元をたどると紀州から行った漁民たちだったと伝えられている。

ならばどうして、日本列島の中でも、よりによって紀州の海岸から「海民」が誕生しているのだろうか？

これは、西太平洋を南から北上してくる強い海流(黒潮《くろしお》)の蛇行《だこう》と大きな関係がある。黒潮の本流は、時に紀伊半島南端の潮岬《しおのみさき》にかなり近寄ることがあるが、そこから東の八丈島《はちじょうじま》方向へ向かうことが多い。おかげで熊野灘の岸に近い海面には、船舶を強烈な力で沖へ引き離してしまう危険な潮流はめったに生じない。むしろ、沖から陸へ舟艇を押し返してくれるような弱い沿岸流《えんがんりゅう》があるのだ。

このため偶然にも、太古の原始的な舟艇にとって、日本列島の太平洋側で最も安全な海面は、熊野灘であった。「灘」という呼称には、危険をいましめる意味があるが、熊野灘に関しては、その海面から外れることこそが危険であった。

熊野灘では、日本の船乗りにとっていちばんおそろしい北西風も、紀伊半島の山岳が多少緩和してくれた。安心して海に出る者が代々多ければ、船舶も自然に発達する。しかも紀州は「木の国」だけあって船材には不足しない。

「多丁櫓船《たちょうろせん》」(一艘の船に櫓を二丁から九丁もとりつけ、場合によってはひとつの櫓に二人がとりつき、休みなく漕ぎつづけられるようになっている船)がつくられるようになって以降は、相当の沖合いまで出ても、潮流と風に逆らいながら、ふたたび陸岸まで戻って来られる確率が、この紀州沖に関しては十分に高かった。ますます人々は、海について詳しくなったのだ。

台風が近づいたときに風波をしのげるリアス式の入り江や、舟艇を引き揚げられる狭い浜にも、熊野灘は恵まれている。ここが日本の「海民のメッカ」となるのは、地理的な必然であったといえるだろう。

熊野灘の入り江

広大な太平洋に面した海岸線は複雑に入り組み、小さな島は舟艇の絶好の隠し場所となっている

もちろん多丁櫓船でも突風に吹かれ、たまたま変な蛇行をしていた黒潮にさらわれるようにして、遙《はる》か太平洋沖（伊豆諸島近海）まで押し流されてしまうことはあったにちがいない。古代の並の船舶だったならば、それは絶望的シチュエーションだ。

が、紀州の多丁櫓船には糧食が積まれているのが普通で、烹炊《ほうすい》（煮炊き）設備すらあったから、数日間の漂流にならば耐えられた。なんとか低気圧をやりすごしたあと、ふたたび房総以西の陸岸まで生還できる確率も、高かったのだろう（黒潮は潮岬の次に蛇行をして、犬吠埼《いぬぼうさき》＝銚子《ちょうし》にふたたび接近し、そこから北米大陸方向へ離れ去る）。

いっそう時代をさかのぼると、あるいは神武天皇が熊野に上陸した頃の九州の原住民（久米《くめ》）と熊野の原住民は、この黒潮のつながりで、もともと近親的な関係があったのかもしれない。

ただし日向灘から室戸岬、そして潮岬を結ぶ航路は、古代の舟艇にとってけっして安全なコースであったとはいいがたい。急に北西風が強まったときに、ただちに避泊できる陸岸は概して遠く、中間点の洋上で黒潮にとらえられてしまう危険も高いためである。

陸路のボトルネック

国土が狭く、山がちであるわが国の陸路には、通行者の行く手をさえぎる地点があちこちにある。そのような土地には、通行者と、それをあてにする商人が滞留し、各地から情報も集まる。体制側も、監視や情報収集のためのネットワークをめぐらせた。

東海道を京都から江戸まで下るあいだ、最大の戦略的ボトルネック（隘路《あいろ》）となるのは箱根峠である。海洋の地政学でいうところのチョークポイント（海峡）だ。

だが、箱根峠に至る前にも駿河に二カ所、ボトルネックがあった。

ひとつは浜名湖《はまな》で、山側道へ迂回しないで最短コースを急ぐ（舟で湖を渡る）旅客を監視するため、湖の南西に「新居関《あらいのせき》」が置かれている。

もうひとつは、由比《ゆい》海岸（由比ガ浜）だった。ここには関所こそ設けられなかったものの、山が海まで迫っていて、通行できる地積がごく狭く、迂回路は考えがたい。

遙か後年の新幹線時代になっても、東海道本線と新幹線と東名高速道路を、この付近ではほとんど重ねあわせるようにして敷設するほかなかった。ずっと内陸にトンネルを長く穿《うが》って「新東名」高速道が開通するまでは、由比は「交通テロ」に脆弱《ぜいじゃく》なスポットだともいえた。

逆から見れば、近代以前には、東西の往来を監視したり、居ながらにして旅行者から全国の情報を聴き集めるためには、由比は屈強の宿場であった（島崎藤村《しまざきとうそん》の小説『夜明け前』は、幕末の中仙道《なかせんどう》の木曾馬籠《きそまごめ》もそのような宿場町だったと描写する）。

徳川家光《いえみつ》の死去直後に乗じた慶安《けいあん》事件（一六五一年）は、紀州藩主・徳川頼宣《よりのぶ》（家康の十男）の関与の痕跡を抹消するためか、幕府で調べあげたはずの公的な記録がほとんど残されていない。だからこのクーデター計画の主謀者とされる由比《ゆい》（油井）正雪《しょうせつ》（幕吏《ばくり》に囲まれて駿府で自決）の本名や生い立ちも、確かなところは伝わっていない。

しかし、事件をモチーフにして実録風のフィクションを執筆した江戸時代の作者たちは、「正雪は由比の出身である。だから全国の浪人の窮状に詳しかった」「正雪の実家は紺《こう》屋《や》だったから、各地の武家の内情にも通じていた」という設定にすると、世間に対する説得力が増すと考えた。

紺屋について少し説明しよう。ひとことでいえば、藍染《あいぞめ》の染物屋である。彼らの大口顧客が、大名屋敷や旗本屋敷だった。それら上得意先を頻繁に回るうち、自然に全国の武家のインサイダー情報も仕入れられたようだ。また、原材料の集荷・買い付けネットワークも広範囲に及ぶので、農村事情にも明るくなる。明治初期の資本主義経済に道筋をつけた渋沢栄一《しぶさわえいいち》が、武州埼玉《ぶしゅうさいたま》の、製藍《せいあい》を兼業した豪農の出身者だったのは偶然ではあるまい。

東海道の
三カ所のボトルネック

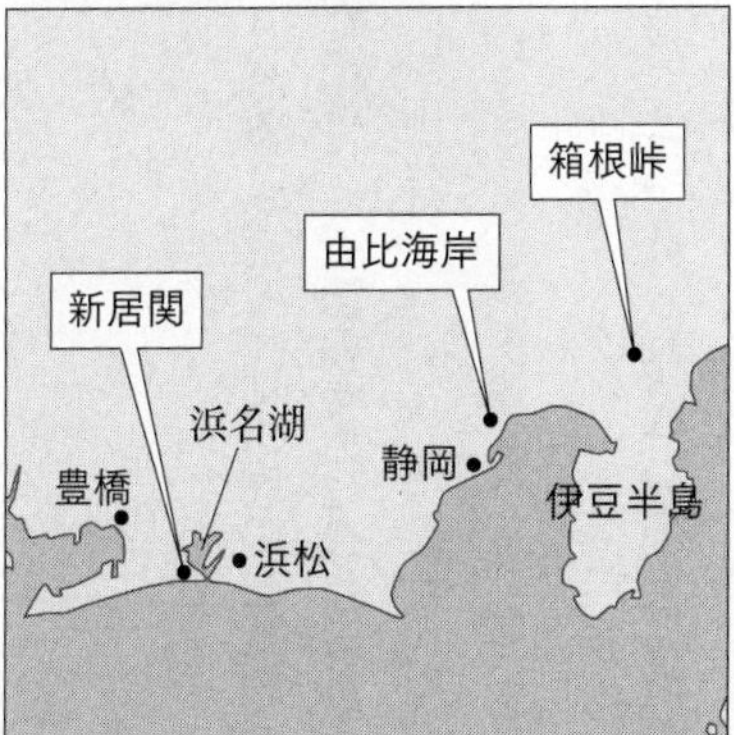

薩《さつ》・長《ちょう》の台頭

長州（防長《ぼうちょう》）藩と薩摩藩は、ともに巨大な利権を黙認されることで、徳川氏の支配のもと、二百五十年間にわたって富と勢力を蓄《たくわ》えた。東国の政権が、西国の勢力に代わられたのが、大政奉還である。

全国に三〇〇近くもの藩があるなか、なぜ幕末の雄藩として、薩・長だけが浮上したのだろうか？　それにはいくつかの理由がある。

まず、毛利《もうり》氏の長州も、島津《しまづ》氏の薩摩も、ともに軍事強国でありながら、徳川新体制下で根こそぎまるごとの「転封《てんぽう》」や「改易」を免《まぬが》れたことだ。これで領内の一体感（上下間の信頼関係）を破壊されずに済んだ。それは何世代も後になって有為《ゆうい》の人材が登用されやすい環境を準備した。

毛利氏は、一族である吉川《きっかわ》氏が家康と事前に取引をしていて、関ヶ原では戦場の遙か後方に位置しつづけ、戦闘に加入しなかった（名目は、豊臣秀頼《ひでより》の本陣を護衛するため）。

おかげで、石見《いわみ》銀山の採掘権は幕府に取りあげられたものの、防長（周防《すおう》国と長門国。いまの山口県）一円の良港の利用税利権と海峡支配権が従来どおり毛利氏に安堵《あんど》された。

これは「瀬戸内物流ハイウェイ」の通行料金収入を公式にプレゼントされたようなもので、田畑の「石高」などどうでもいいくらいの特権財だった。諸藩や商人が瀬戸内物流ハイウェイを利用するかぎり、必ずや、それら毛利氏の港湾を利用してカネを落とすのだから。日本国の商品経済が発展するのに比例して、藩の収益も無限に増えるという、鉄板の財政基盤であった。

長州は直接に日本海海上での密貿易に手を出す必要はなかった。誰かが近海で密貿易したとしても、その財貨は、どのみち防長領内の港を一度は通過するしかなかったのである。毛利氏はただ座っているだけで、間接的に「上前《うわまえ》」をはねることができた。彼らが幕末に異国船を砲撃したくなったのは、異国船が通航税を払おうとしなかったこととも関係があるかもしれない。

一方の島津氏は、二度の朝鮮役で上下一丸となってさんざん苦労してきた既往があるため、家臣団の結束が固く、かつ、小銃戦術に絶対の自信を持っていた。

関ヶ原で西軍が総崩れになったとき、島津軍だけは「こんな場合にどうすればよいか」が下級兵に至るまでよく解っていた。彼らは東軍の中央に隙《すき》を見出すや、ためらわずその正面から穿貫《せんかん》し、最後尾では「遅滞任務」(時間稼ぎをして本隊を逃がす)を引き受ける小人数の決死隊が点々と残留(全員戦死)。ついに本隊は鈴鹿山中に飛びこんで昼夜無休息で大坂湾まで退却し、六十艘の船舶をかき集めると、皆で領国まで帰り、謹慎を公称しつつ「立て籠《こ》もり」の準備をした。戦死者の遺族は救済を受けた。

こんな家臣団がそっくり残ってしまった以上、早く大坂城を無力化して新体制の建設を見たい徳川氏としては、島津氏に転封を命じてまた決戦場で相まみえるなどというコースは選べなくなった。

南西諸島経由で大陸とコネクションを築いていた島津氏は、対馬の宗《そう》氏と同様に、徳川政権の一方の「外交窓口」(エージェント・ネゴシエーター)としての働きも期待される。島津氏はそれに応《こた》え、見返りとして幕府は「密貿易」を黙認した。これによる島津氏の蓄財が巨大であったのだと考えなければ、江戸時代の薩摩藩の人口増加を説明することはできない。

江戸時代が地球の「寒冷期」にあたっていたことも重要である。たとえば伊達《だて》氏の仙台《せんだい》

長州と薩摩の利権

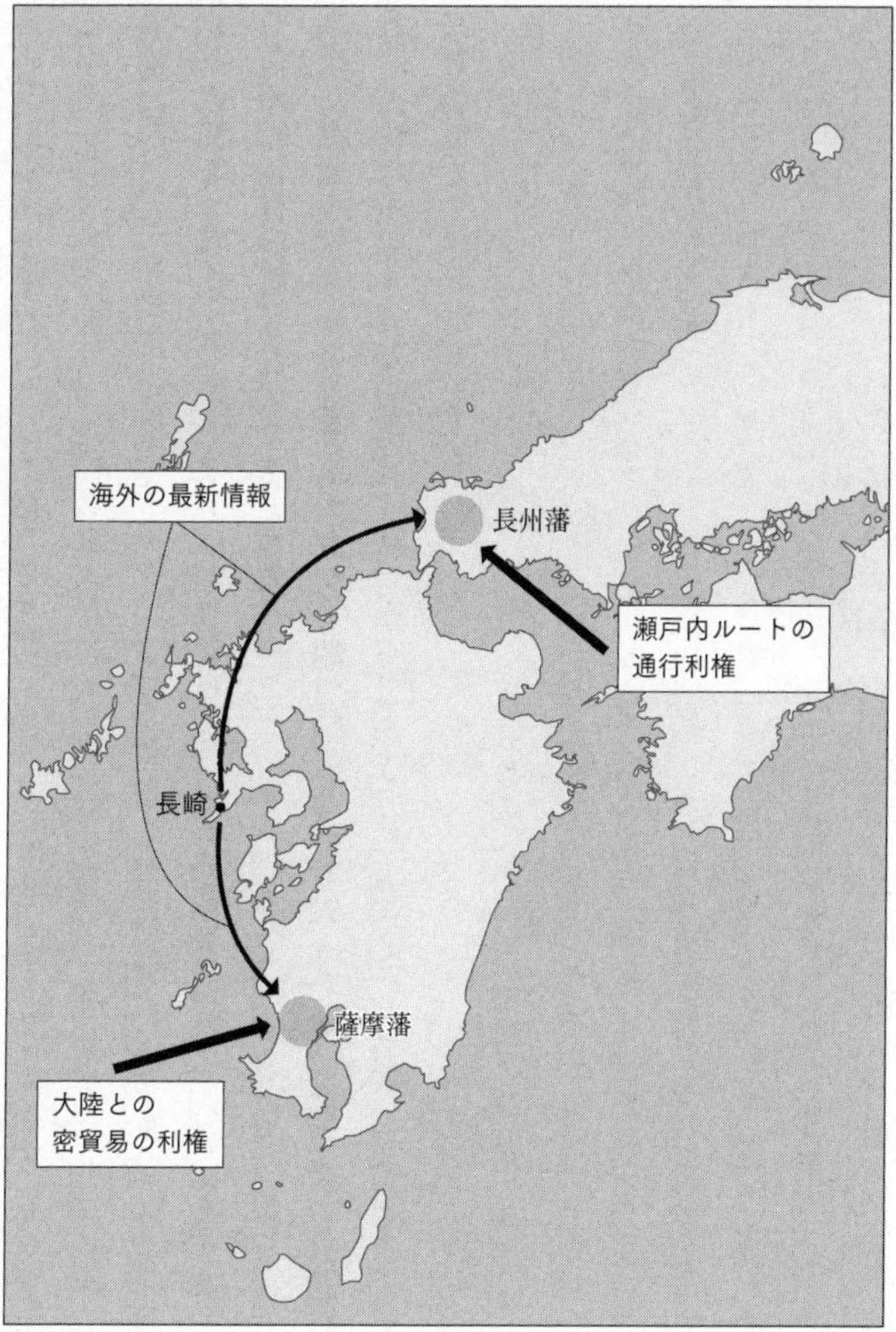

藩は、大河下流の海岸平野におびただしく新田を開くことができたけれども、その割には領民人口がたいして増えなかった。コメだけに頼った経済では、用水量や平地の限界にすぐにつきあたって、「持続的に成長する」ことは不可能なのだ。そのうえ寒波による頻繁な飢饉が、人口を「調節」してしまう。伊達氏はそっくり四国あたりに国替《が》えをされたほうが、むしろ家運は好転したのかもしれない。

徳川政権が大陸中部以南の商品をオランダ船で輸入してもらうために最初から公認した開港たる「長崎」が薩・長から近く、江戸からはあまりにも遠くに位置したことも、日本の運命に影響した。

首都圏の拡大

ようやく日本の東西がまとまり、各地から多くの人材が東京に集結すると、その郊外も急速に開発された。この首都圏の拡大に果たした鉄道の役割は大きい。たとえば、内陸にあった那須野《なすの》。またたとえば、神奈川県から静岡県東部に至る海岸部だ。

明治二年時点で、弥生時代式の灌漑《かんがい》水田開発がまったく成功していなかった広大な地所が青森以南でも数カ所あった。そのひとつが、栃木県の那須野である。

火山性の砂礫《されき》地であるため、用水路を引いてこようとしても、水がぜんぶ地中へ抜けてしまう。標高は四〇〇メートル前後あり、江戸時代には開発のしようがなかった。

内務省は明治八年に全国の有望な未開墾地を本格調査し、明治十年に、最先端技術を投ずれば、疏水《そすい》がなんとかなりそうであった那須野をまず拓《ひら》くがよい、と結論した。推進させたのは、大蔵大輔《たいふ》（次官）兼、勧農《かんのう》局長だった松方正義《まつかたまさよし》である。松方自身がそこに土地を買うのだから、公私のけじめなど初期明治政府にはなかった。

明治十年は言うまでもなく、西南戦争の年だ。西郷隆盛《さいごうたかもり》の実弟・従道《じゅうどう》や大山巌《おおやまいわお》など、鹿児島出身者ながら西郷の挙兵には加わらない道を選んだ新政府の要人たちは、自分たちはこれから死ぬまで故郷に戻ることのできぬ身となったと自覚し、一家の墓所すらも東京へ移さねばならないことを慨嘆《がいたん》していた。

長州閥の高官たちも、幕末下級武士時代にさんざん厭《いや》な思いをさせられた故郷に錦を飾ろうなどという気はなかった（たとえば山縣有朋が「廃刀令」の急先鋒だったのは、彼自身が「二本差し」の正規の藩士たちに道端で土下座をしなければならぬような家柄だったことの恨みを深く抱いていたためだ）。

彼らの多くが、どこか新開拓の広大な土地を「私領」のように経営してみることで、幕藩時代の「殿様」（一万石以上の旗本や大名）の気分を味わいたいものだとひそかに念じた。

そこでまず明治十一年に、那須野の一万一二九八町歩が官有地として登記される。首都から二〇〇キロ以内に、北海道のようなまっ平らな未開墾地があったことに、人々はいまさらに気づかされた。

栃木県令を務めたこともある内務官僚の大物・三島通庸《みしまみちつね》は「肇耕社《ちょうこうしゃ》」という結社を率

いて開墾事業に参入した。

明治十四年には大山巖とその従兄弟《いとこ》である西郷従道（この時点で農商務卿《のうしょうむきょう》）が、二人で五〇〇町歩の農場を運営しはじめた。従道は明治三十五年に胃癌が悪化して瞑目《めいもく》するのだが、死期を悟った本人はこの農場で死にたがったという（夫人が強いて東京で施療を受けさせた）。

吉田松陰《よしだしょういん》と家が近かった長州の乃木希典《のぎまれすけ》は、少将時代の明治二十四年に西那須野駅から三キロの好位置に六町五反歩（六・四ヘクタール）を夫人の名義で買い求め、最終的に十四町五反歩まで拡げた。そこで蕎麦《そば》、粟《あわ》、稗《ひえ》、陸稲《おかぼ》、芋、麦を、農民を雇いあげて栽培していた。彼の墓所は東京都内の青山にある。

大正五年に没した大山は、遺言によって那須野に葬られた。また大正三年に死んだ青木《あおき》周蔵《しゅうぞう》（元外相・長州出身）も、墓は那須野の自分の土地に置いた。

明治十七年には山縣有朋が、那須野のすぐ西の矢板《やいた》市に七六七町歩を得ている。しかしその後の山縣にはとても農場道楽の余裕などなく、後年に小田原の丘陵に建てた別荘の快適さのほうを好んだように見える。

静岡県の清水《しみず》市興津《おきつ》には、井上馨《いのうえかおる》と西園寺公望《さいおんじきんもち》が別荘を構えた。井上邸は明治二十九年、西園寺の坐漁荘《ざぎょそう》は大正九年建築だ。「だいたい汽車で東京から半日以上かかるぐらいの距離に住まないと、出所が不明の怪しい情報を注進する余計な訪問者にわずらわされてしまう」と西園寺は考えていた。

相模湾に面し、小田原と鎌倉の中間にあって長い砂浜が広がる神奈川県の大磯《おおいそ》海岸には、伊藤博文《いとうひろぶみ》が滄浪閣《そうろうかく》という別荘を明治二十九年に建て、以後、山縣や西園寺はもちろん、陸奥宗光《むつむねみつ》から寺内正毅《てらうちまさたけ》に至る、数多くの政治家・大物官僚・軍人たちが別荘を集中させた。

児玉源太郎《こだまげんたろう》は由比ガ浜に、原敬《はらたかし》は腰越《こしごえ》に別荘を持った。

中仙道沿いの軽井沢《かるいざわ》は、鉄道敷設前から滞日西洋人が避暑地として好んだ高原だ。しかし温泉がないのが影響して、日本の大物政治家の夏季の拠点となりはじめるのは大正末より以降である。

西郷従道

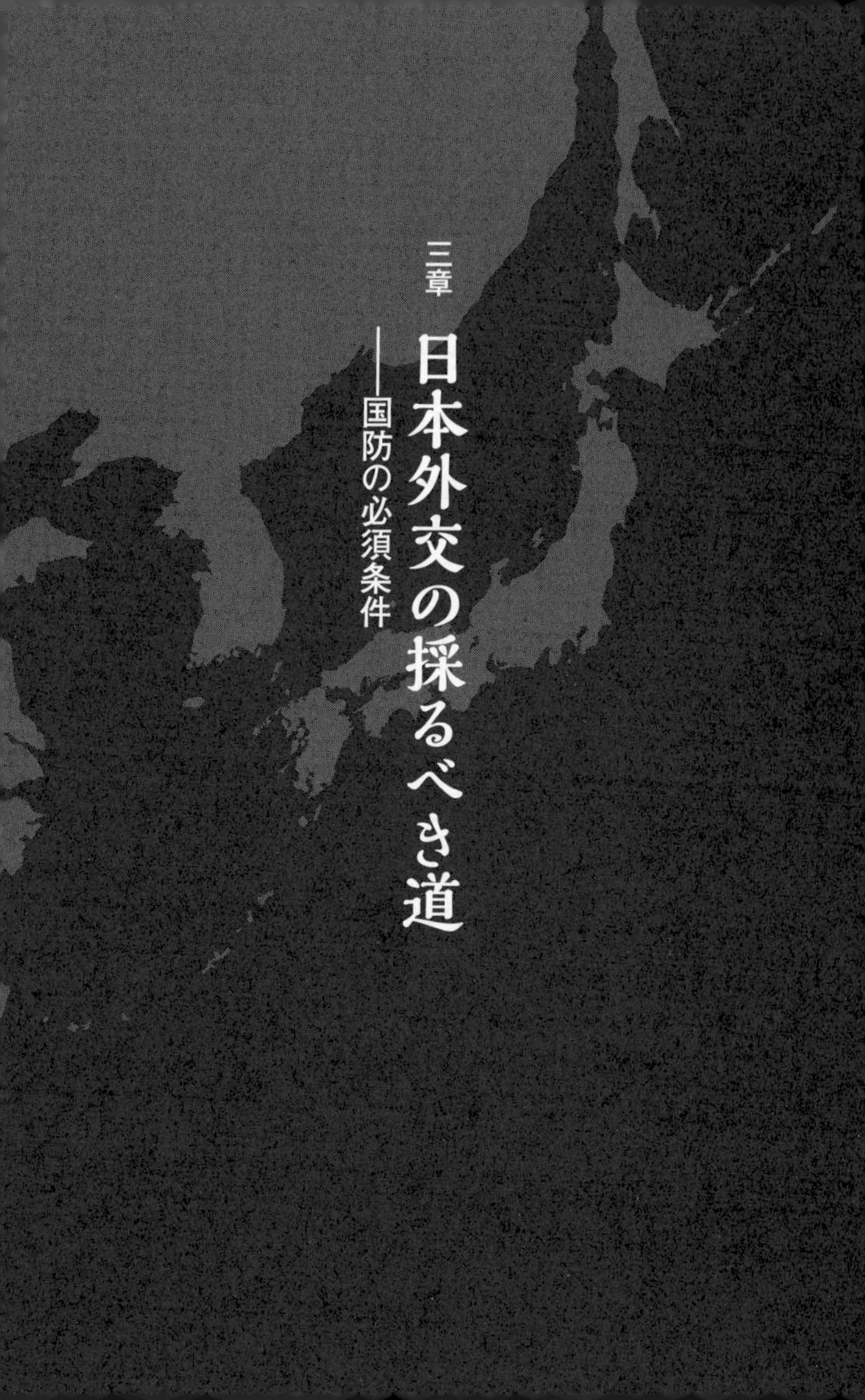

三章

日本外交の採るべき道

——国防の必須条件

まず九州、次に東国を取りこんだ日本の政体は、北海道、対馬、沖縄といった「辺境」を、外国との関係で意識した。これらの地域の歴史を再確認することは、明日の国防を考えるためには不可欠だ。

島国の国防1

極東の海上に位置する日本は、先の大戦で米軍に空爆されるまでは、外国からの大きな軍事攻撃は、十一世紀と十三世紀に三度しかなかった。

七二七年から九一九年にかけて三十三回も来日した「渤海使《ぼっかいし》」の船団は、沿海州から日本海南部を横切って敦賀湾や能登半島まで直航し、帰路は秋田県から日本海北部を横切って沿海州に戻ったようだ。

それに対して、同じ沿海州地方の女真族による一〇一九年の「刀伊《とい》の入寇《にゅうこう》」や、樺太まで偵察していた元《げん》による十三世紀の二度の来寇（文永《ぶんえい》の役《えき》、弘安《こうあん》の役）は、いずれも九州北部の大宰府を主たる攻略目標にしていたように見え、防禦《ぼうぎょ》の手薄な山陰や北陸、出羽、北海道にまず橋頭堡《きょうとうほ》（上陸した海岸の拠点）を築くという着想は持たなかったようにみえる。なぜだろうか？

日本海の海流は、大きく「反時計回り」に渦を巻いている。だから渤海使も、往路は朝鮮半島沖を南下して北西方位から若狭湾を目指すようにし、帰路もいったんは出羽沖まで北上して、できるだけ自然な海流を利用して沿海州まで戻っていたのだ。

もちろん往路であっても安全確実な航海ではなかった。今日でさえ北朝鮮の沿岸からボートで漂流を開始して日本列島に生きたまま漂着する漁民がごく稀《まれ》であることからも、それは想像がつくだろう。渤海使が京都から遠くて不便な能登へも入津《にゆうしん》したのは、海象によっては若狭湾まで到達することが難しい場合がよくあったからかもしれない。

唐風の文化を保つ渤海国とは異なって、刀伊（「トイ」とは高麗語で「蛮人」を意味した。女真族のこと）は、略奪だけを考えていた海賊だった。二十人から三十人が乗れるサイズの舟を三十丁から四十丁の櫂《かい》で漕ぎ、総勢七〇〇人以上が海浜に上陸しては、馬牛犬を斬り食い、老幼はことごとく殺し、壮健《そうけん》な男女を拉致《らち》し去った。

その航海は、岸づたいか島づたいにする必要があった。大宰府に財宝が蓄積されているのは朝鮮人から聞けば分かったことで、侵攻コースとしては、対馬と壱岐《いき》を経由する以外には考えられなかった。

刀伊が入寇したとき、大宰府から京都までは馬で十日かかった。乱暴なキャラクターで中央から遠ざけられていた現地責任者（大宰権帥《だざいのごんのそち》）の藤原隆家《たかいえ》は、政府からの指示を待つことなく果断に防戦した。結局この刀伊の船団は、いまの北朝鮮の沿岸で高麗水軍に待ち伏せされて全滅する。沿海州までの「直帰」はできなかったのである。

もうひとつの元寇であるが、モンゴル帝国が版図《はんと》を広げた方式は、独特である。彼らは、「降伏しない者は皆殺しにする」と脅迫し、降伏した手近な部族は、そのひとつ外側の部族に対する「奴隷的尖兵《せんぺい》」に仕立てて、背中から無慈悲に「督戦《とくせん》」する（後方から監督して戦わせる）。

この方式がうまくいくのは、敵勢力が一致団結しておらず、「脅《おど》し」をかければじきに誰かが裏切ってモンゴル側に寝返ってくれる、そのような伝統がある陸続きの地域であった。大陸と半島は昔からそうした風土だったが、日本列島は違った。

モンゴルからすると、文永の役は「脅し」だった。あれで日本の指導部は降伏すると見込んでいたのだ。ところが日本国内の団結がちっとも崩れないので、次の弘安の役では、大々的に南宋人《なんそう》と高麗人を奴隷的尖兵として動員した。

奴隷的尖兵は、相手が強敵の場合は、最初から戦意など示さない。すぐ背後からモンゴル兵が監視をしていなければ、勝手に脱走したり、敵軍に投降しようとする。だから、山陰や北陸に対する放胆《ほうたん》な「長駆《ちょうく》海上機動」も考えられなかったし、日本列島の広い海岸線にバラバラと上陸させてやるわけにもいかなかった。博多湾上での密集船中泊を選んだのも、南風に乗じての逃亡をまとめて監視する必要があると思えたからであろう。

しかし、モンゴル人には操船不能となるほどに海が荒れると察知した「奴隷水兵」たちは、これ幸いと夜のうちに船ごと半島方面へ逃げ帰ってしまった。「モンゴル式督戦術」は、海上には応用はできかねたのだ。

モンゴル式の督戦術

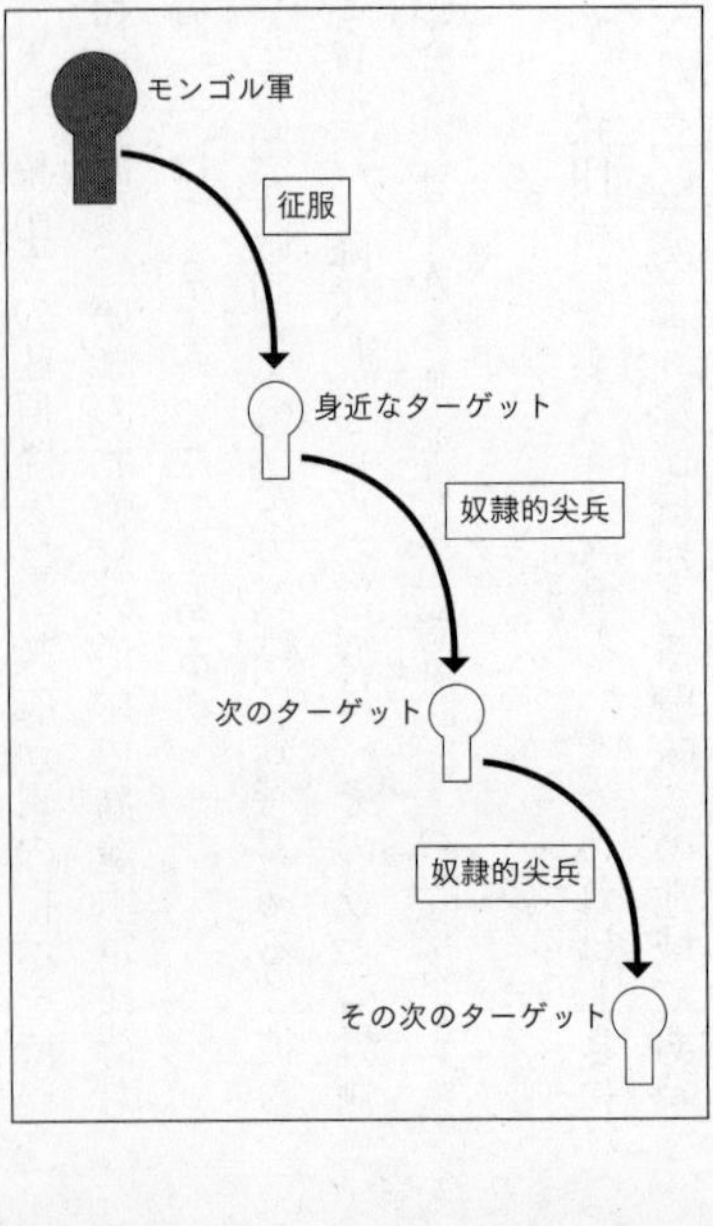

島国の国防２

日本の歴史の中で、全土を占領できた外国勢力は、大戦後の米軍のみである。日本は人口が多く、小規模な侵略は全土の占領に結びつかない。目標を略奪に限定し、沿岸部の略奪に成功したら、すぐに立ち去る「ヒット&ラン」方式しか、考えにくいのだった。

　日本本土を襲った刀伊にしろ元軍にしろ、目指したところは博多湾を中心とした九州地方だった。山陰海岸はおろか、山口県にすら大規模な上陸侵攻が試みられたことはなかった。これには、すでに述べた海流の問題のほかにも理由があった。

　明治十八年に来日し、明治二十一年まで陸軍大学校で「参謀たちの卵」の訓育《くんいく》に任じたプロイセン将校メッケル少佐の言葉が、ヒントになるかもしれない。

　彼はこう教えている。――目下《もっか》の情勢では、日本の敵（帝政ロシア軍か清国軍）は、日本列島のどこへなりとも上陸することができる。だから各師団（明治二十一年五月に「鎮台」

が「師団」に改まる）は、平時から、その管内で、敵に最も上陸されやすい場所に、最初から「後備隊《こうびたい》」（現役年齢を過ぎている民間人に軍服を着せた二線級の部隊）を召 集《しょうしゅう》できるように考えておけ。大都市の軍需倉庫は、敵が必ず狙ってくる。だから有事にはそこに終始、倉庫番として後備隊を貼りつけること——。

つまり敵から見た場合、上陸するだけなら日本のどこでもできる。問題は、そのあと「大都市の倉庫（食料や軍事備品）をすぐ確保できるか」や「上陸点に集中してくる守備軍に対抗できるのか」にあったのだ。

日本の大都市の倉庫をすぐにも占領できなければ、大陸や半島から船で運んできた糧食などはすぐに尽きてしまう。ちなみに元寇直後の倭寇《わこう》の携行食糧は、袋詰めの粟《あわ》と糒《ほしいい》（モチゴメを蒸したあとまた乾燥させたもの。水でふやかすだけで消化吸収可能になる）であったという。

元軍は第一回が三万人、第二回は十四万人で押し渡ってきた。コメ「一石」（およそ六十四キロ）が「一人×一年」分の必要量だ。すなわち三六五人の部隊がいたら、六十四キロの糧食を一日で食いつぶす。三万人だったら一日五トン以上も必要なわけだ。それがせめて二週間分ぐらい橋頭堡に荷揚げされれぬならば、若狭湾に上陸して京阪神まで打通《だつう》する最

日本はなぜ元寇の征服を防げたか？

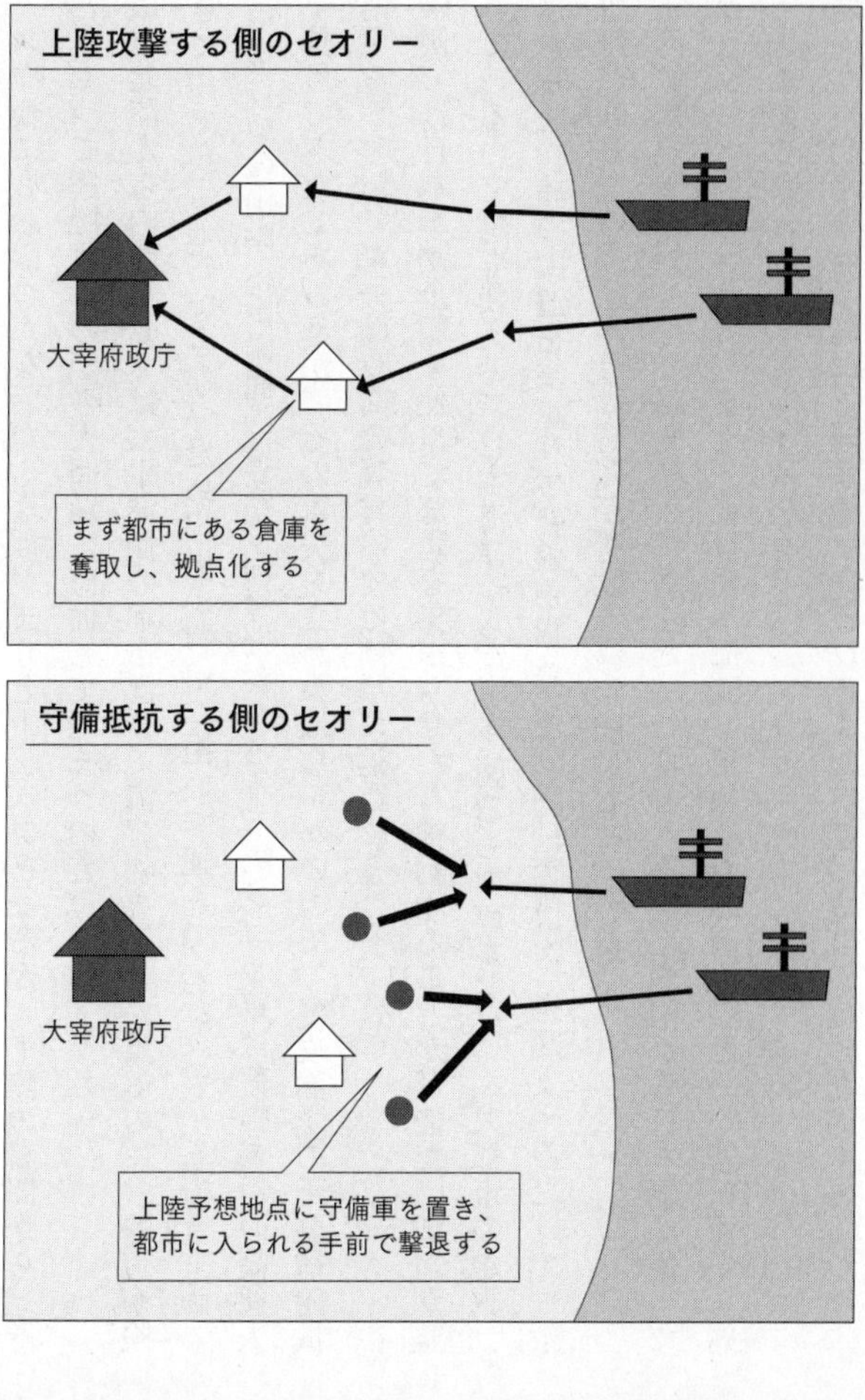
上陸攻撃する側のセオリー
大宰府政庁
まず都市にある倉庫を
奪取し、拠点化する
守備抵抗する側のセオリー
大宰府政庁
上陸予想地点に守備軍を置き、
都市に入られる手前で撃退する

短コース作戦にもおぼつかないだろう。つまり七十三トンとなるが、上陸の瞬間から、それをどうやって運搬するのかの大問題に直面してしまうのだ。

昔は、北陸から内陸もしくは太平洋側の都市部まで海産物を売りに出るのに、峠道が険《けわ》しすぎて牛すらも通行できないため、男が背中に担《かつ》いで運んでいた（それをボッカと呼んだ）。中世以前の山陰〜山陽間の道路も同様だったろう。モンゴル軍は荷担ぎ用の高麗人軍夫を動員できたであろうが、その軍夫も食わねばならないので、侵攻部隊の所要補給量は倍増する。そして軍夫は夜間の森林内では簡単に逃亡できた。

山陽側では日本軍が舟艇を使って部隊を集中させたり補給することが可能だ。街道が整備されているので馬も使える。日本海岸から南下を図るモンゴル軍は、「大都市の倉庫」に到達する前に峠の山道を塞《ふさ》がれ、戦線が膠着《こうちやく》する。日本側が一週間支えるだけで、敵軍は飢餓《きが》に陥《おちい》るだろう。あとは時間が勝敗を決定的にしてくれる。

若狭湾に橋頭堡をつくって略奪持久に励んだとしても、逐次に全国から日本軍が集ってきてひしひしと包囲されてしまう。東行する海流と卓越した北西風のため、若狭湾から船で出発基地まで撤収《てつしゆう》することはまずできない。

結局、九州北部の博多湾に上陸するというプランだけが、成算が立ったのである。そこなら多少天候が悪くても揚陸作業は確実にできたし、すぐ近くの大宰府に「大都市の倉庫」があったし、当座は九州在地の日本軍「後備隊」だけが集中してくるだろうから数的にイニシアティブを取りやすく、道路が発達しているから略奪した馬や牛を駆使することも考えられた。不利に陥ったら海路を用いての撤収も確実なオプションにできる。

これに対し、九州北部海岸に対する「刀伊の入寇」は、彼らが海上機動に帆船ではなく「漕ぎ舟」を用い、かつまた領土の占領ではなく豊かな沿岸部の略奪のみを目的としていたので、少数部隊ながら目的限定的な「ヒット&ラン」が成功したのだ。

朝鮮出兵

戦《いくさ》に勝つには、人や物を集めて組織しただけでは足りない。その能力を無駄なく発揮させる「習熟」が必要だ。一五九〇年頃（小田原攻略直後）の豊臣軍は、高速回転する「巨大マシーン」の状態だった。秀吉の無謀とも思える外征には、もうひとつの目的があった。それは、「貿易」や「独自交流」で西国に莫大《ばくだい》な利益をもたらしていた海上運送力をすべて戦争動員することで、その繁栄を邪魔することである。

豊臣秀吉は一五八七年に九州を平定すると、早々に朝鮮国王に入貢《にゅうこう》を求め、九〇年に朝鮮からの使者を迎えておきながら、結局、その二年後には渡海攻撃（文禄《ぶんろく》の役）をもよおした。

この秀吉の判断を理解できないとする人は多いが、はたしてそうだろうか？

フリードリヒ大王とナポレオンの戦争術を経験的な視点から分析した十九世紀前半のプ

ロイセン王国の軍人学者クラウゼヴィッツは、隆盛時のフランス革命軍について、こんな評論を残している。

「大きな機械がスムースに動きはじめるためには、まず潤滑油《じゅんかつゆ》が温められ、隅々までしみわたって、摩擦《まさつ》が消えなくてはならない。それには時間を要する」

「実戦に慣れ、しかも最近実戦をしおえたばかりの軍隊（ナポレオン麾下《きか》の大フランス軍）とは、潤滑油が完全に回り切って摩擦がなくなっている巨大機械である。これに、冷えた状態の摩擦だらけの機械（当時の欧州各国軍）で急に対抗しようとしても、とても勝てるわけがなかった」

秀吉が九州攻めや小田原攻囲に動員していた一線部隊やその後方の兵站輸送組織は、「摩擦ゼロ」で絶好調に回転していた。

それは、急に止めることが難しい「巨大マシーン」だった。

エネルギーのはけ口としては大坂城の築造工事や淀川の改修工事もあるだろう。だがそれらも、いつかは終了する。

そのあと、止められない巨大マシーンをどうするのか？　――これは豊臣政権にとっての最大の政策課題だった。

当時、足軽も、輸送要員も、土木作業員も「徴兵」ではなかった。相場にしたがって、主君や指揮官が安くない賃金を払って雇っていたのだ。彼らは絶好調でうなりを上げている巨大マシーンの主要部品であった。もし動員を解除して帰郷させてしまえば、「潤滑油」は冷えてしまうだろう。秀吉は、それはもったいないと考えた。

高速回転している日本の巨大マシーンの矛先《ほこさき》を、そのまま朝鮮か明国の「冷えた機械」にぶつければ、勝利はいとも容易であろう。そこからまた、あらたに配下に分配してやれる新領土が得られるのではないか。秀吉にはそう信じられたのだ。

一五五五年には、たった五十三人の「倭寇」が揚子江《ようすこう》河口から南京《ナンキン》を襲撃して、明軍五〇〇〇人を翻弄《ほんろう》しながら悠々《ゆうゆう》と引き揚げている（明国側の記録に残されている）。それら倭寇も、「潤滑油のしみわたった、摩擦のない戦闘マシーン」状態だったのだろう。

秀吉の大失策は、直接に明国の海岸を襲ったこれら倭寇の成功例をつぶさに研究しないで、朝鮮半島の陸路から「唐《から》入り」するのが近道だと錯覚をしたことであった。

それは日本人の直感とはうらはらに、いちばん遠回りの道だった。冬季は想像を絶して寒く、補給が続かなくなることが約束されていた不毛のルートだったのだ。道路は劣悪で、沿道には「両班《ヤンバン》」階級が搾取しまくった残りかすのような貧村しかない。

朝鮮の小西行長

加藤清正と功を争ったという。歌川芳幾筆「太平記英勇傳　小西摂津守行長」より（写真　PPA/アフロ）

そんな朝鮮半島の実態を承知していたはずの小西行長《こにしゆきなが》と宗義智《そうよしとし》は、この秀吉の致命的な間違いを正してやることができなかった。

あるいは秀吉には、遠征の成否はさほど重要ではなかったのかもしれない。足利時代末期以降、西国の大名や豪商たちは、めいめいに船舶を建造し、運用して、大陸や南蛮と私《わたくし》に交易し、財力を蓄積していた。これこそが秀吉の脳裏に赤く明滅《めいめつ》する「警報ランプ」だったのだ。

明朝が基本的に「海禁《かいきん》」（漁業や航海などの規制）政策をとっていたのも、沿岸の住民たちが自由に対外交易をするのを許していれば、その沿岸にやがて有力な「反政府勢力」の地盤がいくつも誕生し、「治安コスト」が国家を破滅させると分かっていたからである。清国が、大陸の近海でも獲《と》れるはずの海産物（俵物《たわらもの》）を、わざわざ日本から輸入させたのも、同じ理由だ。こうした憂慮を、まさに秀吉も共有した。

ではどうやったら、日本全国の私貿易活動を大から小まで完全に停止させるような「いっせい取締り」――日本版の海禁政策――が可能になるだろうか？

対外渡海遠征を号令すればいいのだ。

各地の大名たち、なかんずく西国の諸侯は、この半島攻略作戦のために、すべての船舶と水夫、あるいは財を差しださなくてはならない。秀吉の目を逃れて密貿易など続ける余裕は、津々浦々、ありえなくなるはずであった。

秀吉は、朝鮮出兵によって、徳川政権のための「鎖国」――中央政権による統制貿易以外は禁ずる政策――を準備してやったともいえる。

はたして明国は、倭寇対策と朝鮮出兵とで財政が傾き、ついに北方の騎馬民族を押し戻す体力を喪失した。こう見れば、明にとって代わった清朝もまた、「秀吉がつくってやった」とも評しうるだろう。

異文明に対する免疫《めんえき》

キリスト教禁止以降の日本は、西洋宗教の教学を拒絶する一方で、科学技術や物質的な知見は積極的に受けとった。この芸当《げいとう》は、過去に大陸経由で流入したさまざまなテキストの内容を吟味《ぎんみ》し、自分たちに必要なものだけを取捨選択《しゅしゃせんたく》し、吸収してきたことで養われた日本人のセンスが可能にした。

利用できる勢力なら何でも利用する主義であった豊臣秀吉は、「バテレン追放令」を発した一方で、ゴア（インド）にあったポルトガル政庁やマニラ（フィリピン）にあったスペイン政庁には入貢を求めた。

そして秀吉の死後、徳川家康～秀忠《ひでただ》～家光の三代の治世のあいだに、日本国内のキリスト教ブームは逼塞《ひっそく》した。プロテスタントのオランダ商館は、仇敵《きゅうてき》のスペインのカトリック陰謀を悪《あ》しざまに日本の要人に告げ口し、自分たちはけっして日本での布教活動をしないことを徳川政権に対して誓い、その約束は最後まで遵守《じゅんしゅ》している。

なぜ近代以前のわが国は、フィリピンなどとは違い、有益と判断した海外の物資だけを選別的に細々と輸入して、海軍力を有する西洋勢力が押しつけたがった宗教については、いっさいこれを排除するという芸当が、可能だったのだろうか？

それは、わが国が奈良時代以来、大陸からおびただしい量の哲学系および仏教系の「テキスト」を輸入し、咀嚼《そしゃく》し、批判し、検討し、取捨選択的に価値を見定めてきた来歴と関係がある。

インドの仏典中には先秦《せんしん》時代の大陸の古代の聖人の話など出てこない。同じく『春秋《しゅんじゅう》』など漢文の古代史や『詩経《しきょう》』のような古代歌謡集にはインドの神や仏の話は出てこない。どちらも厖大《ぼうだい》なテキスト体系を有しており、それぞれ独立に完結した世界観を織りだしていた。

ここから日本人が推定できたことがあった。西洋人の宗教もまた、泰西《たいせい》（西洋）という一地域で完結した信仰であろう。それについて漢訳されたテキストがあれば、おもしろく研究できるかもしれないが、宣教師はそれを持ちあわせていないという。しかし宣教師たちは、ユニバーサルに応用できる科学や技術も知っているようだ。それらは受領しようではないか……。

これは、本居宣長《もとおりのりなが》が「さかしら」（こざかしさ）だとして難じた精神活動かもしれない。しかしその「さかしら」のおかげで、日本人は西洋の宗教に対して免疫を持てたのだ。

カトリックの宣教師が、「じつはこの宇宙は（日本人がいままで知らなかった）ひとりの神が創った」と説いても、「ではそのデウス／ヤーウェとやらについて諸仏典はもちろん、古い歴史を伝える五経《ごきよう》や『史記《しき》』などの漢籍、本朝《ほんちよう》の『日本書紀』『古事記』『風土記《ふどき》』などの中にひとことの言及もないことはどう説明されるのだ？」と、日本人なら誰でも疑問に思った。

ルイス・フロイスによれば、日本人は西洋の天文学や暦学には深い関心を示したが、「教学」には無関心であった。

フロイスが特記しているのは、「もしキミたちの神が世界を創ったのなら、悪人までをこしらえているのは不審《ふしん》じゃないか」という日本人の仏教僧たちからのツッコミである。じつはこの「よくある質問」には、中世キリスト教会が「教父《きようふ》」たちと呼ぶ、ギリシャ語で物事を精緻《せいち》に考えることのできた偉大なスコラ学者たちが、念入りな答案を用意してくれていた。しかし、それを口頭で日本人に説明するのは至難であった。

日本列島からベトナムにかけて、東アジアでは「漢文」が読むテキストとしてとても広く通用するのだから、まず「新約聖書」と「旧約聖書」を漢文に全訳するステップが先行するべきではないのか。そう西洋人が気づいたのは、やっと十九世紀であった（プロテスタントのロバート・モリソンによる一八一三年から一九年にかけての刊行事業に結実）。だがその時点ではもはや、当の西洋人のあいだでも『聖書』は鵜呑《うの》みにはされなくなっていた。

日本人の二枚舌

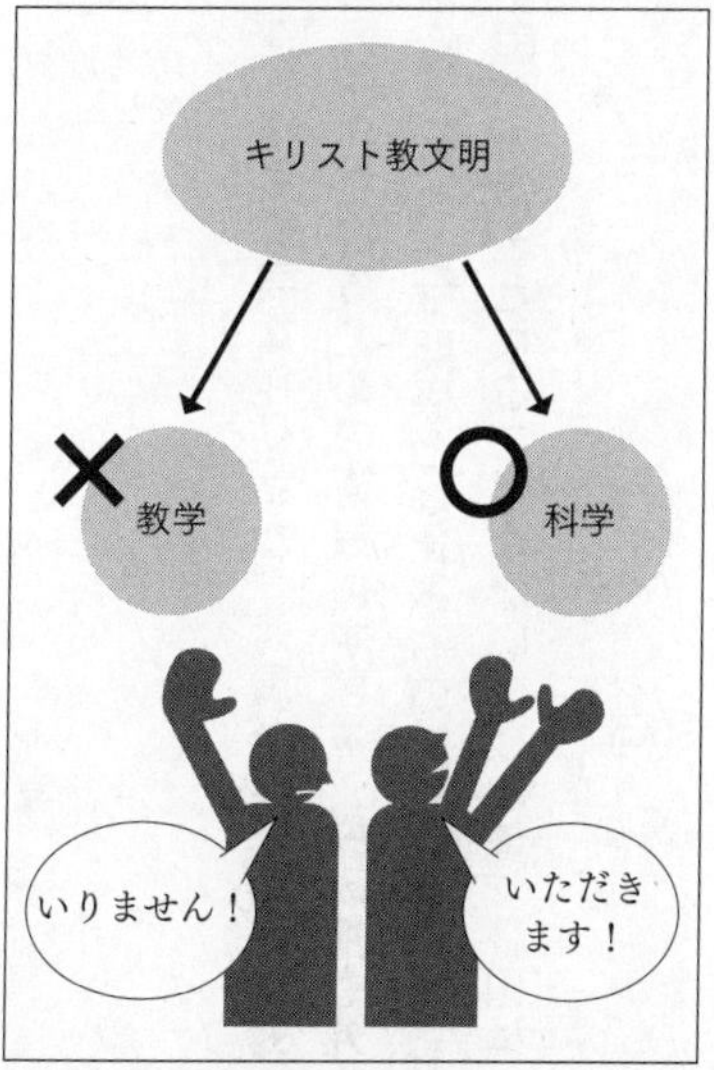

対馬《つしま》

韓国人が主張する「対馬＝もと朝鮮領」は、根拠薄弱な作り話だ。対馬が李氏朝鮮に対し、朝貢《ちようこう》の形式を採っていたのは、貿易の便宜《べんぎ》を得るための術策にすぎず、施政権も外交権も日本国が握っていた。李氏朝鮮と中華王朝の上下関係とは比べものにならない。いかほど朝貢をしていても、それで、「宗主国《そうしゆこく》」の領土となることもない。げんに、韓国は中国の領土ではない。

日本列島と朝鮮半島を隔《へだ》てる海峡の中間地点に位置する対馬は、日本国家の外交や防衛に、どのような貢献を果たしただろうか？

遙か昔の新石器時代から、西太平洋の海洋民族は島のことを「トゥ」と呼んだり「アワ」と呼んだりしていたようである。

「つしま」とアリューシャン列島の「アッツ島」は、語源が同じなのかもしれない。南シナ海のスプラトリー諸島中にも「トゥ」を名前の語幹に含む小島がある。択捉島《えとろふ》（露語表記では「イェトゥルップ」）や、「魏志倭人伝《ぎしわじんでん》」に出る「いと」国も、そうした「トゥ」の仲間なのかもしれない。

今日、対馬海峡の西水道（北側の海峡）は最狭部でも四十八キロあって、宗谷《そうや》海峡の四十二キロよりも離れているのだが、対岸の山の稜線《りようせん》が視認できる日もあるという。石器人たちにも対岸の陸地は気になったであろう。

昭和二十三年に済州《さいしゅう》島で住民が李承晩《イスンマン》政府に反対して騒乱し、これに韓国軍が発砲する事件があった（四・三事件）。そのおり、対馬には多数の射殺死体が海流によって運ばれている。おそらく古来、東シナ海で遭難などがあるたびに、対馬には大陸や半島から人や物が流れ着いたはずだ。

にもかかわらず有史以来、対馬を行政しつづけたのは日本人であって、朝鮮人その他ではなかった。

「魏志」に見える「狗邪韓国《くやかんこく》」が朝鮮史書にいう「加耶《かや》」、日本側呼称「任那」である。任那は三世紀末には、すでに倭（日本）の属国だった。さらに四世紀末には、北九州サイズの広さしかない百済や新羅をヤマト政権が臣従《しんじゅう》させている。これらは朝鮮側の史書

『三国史記《さんごくしき》』や高句麗政府が刻ませた「広開土王碑文《こうかいどおうひぶん》」、新羅が倭の朝貢国であったと記す「梁職貢図《りようしよつこうず》」などによって確かめられる。半島南部が日本の支配地だったのなら、その中間の対馬がどの国の交通基地だったのかは明らかだ。

海流と風向が一致しないために、荒れがちな玄界灘《げんかいなだ》を一挙に横断しようとすることは古代には危険で、遣隋使船も、遣唐使船も、鹿児島湾から南西諸島経由で大陸に向かうのでない場合には、必ず壱岐《いき》の北岸と対馬の西岸や北岸に避泊《ひはく》・寄港して、海象を見ながら北進した。

半島側から日本の本土を目指す場合も同様で、六世紀から十世紀まで続いた新羅の使節は、対馬を経由しないで本州に向かうことはなかった。そして対馬では新羅語は通じなかった。

新羅のような大陸と陸続きの小国は、どこかの外国と結託しないかぎり、国家を保てない。もし日本に対抗したいと思ったなら、結託の相手は大陸や高句麗でなくてはならなかった。この性情《せいじょう》は、今日の韓国人でも大差はない。

また対馬や壱岐のような離島は、わずかな平時の在地武士だけで外国軍の大敵の上陸を食い止めようとしても絶対に不可能である。領主であることを改易されても困るから、いちおうの反撃はするのだが、家臣団が文字どおり全滅するまで抵抗することもしない。むしろ二度の元寇でも、現地のみの「調略《ちょうりゃく》」（外交折衝《せっしょう》）によって早々と生存を図ったと考えられる。

これは当然「正史」に記録されることではない。裏の歴史である。だが日本の支配者層は、対馬の上層住民が「対半島工作」のエージェントとして役立つことを理解していた。

中世から対馬の領主となった宗氏は、織豊《しょくほう》政権時代には肥後《ひご》のキリシタン大名の小西行長と姻戚であった。

秀吉は、誰にも相談せずに最初に半島遠征を決心したが、その腹案に基づいて、もともと堺の漢方薬輸入商人の出である行長を肥後半国（天草《あまくさ》や島原《しまばら》）の領主にしていた（残り半国は加藤清正《かとうきよまさ》に与えた）。

行長と宗義智は、いやでも朝鮮出兵の先鋒と案内役を買ってでなくてはならなかった。小西は一部部隊を壱岐の勝本《かつもと》港から直接に釜山《プサン》港へ渡らせて、一番乗りの面目《めんぼく》を保った。

二度目の半島作戦のさなかの慶長三年夏に、太政大臣《だじょうだいじん》秀吉は病死する。日本軍は半島からの帰りがけに、朝鮮海軍司令官の李舜臣《イスンシン》を戦死させた。

第二次大戦終了時に米国政府に保護されていた李承晩は、「朝鮮王は対馬藩主に官位を与えたことがあるので、対馬は韓国の領土である」と主張したが、米国国務省は相手にしなかった。

「儒教圏人」（夫婦別姓地域とほぼ重なり、中華人民共和国や朝鮮半島の諸国が含まれる。妻が夫の家名を名乗れないのは、家人として認められていないからである）は、他者や他国の立場が弱くなれば、何度でも際限なく反近代的な要求ができるのだと本気で考える。日本政府が油断していれば、竹島《たけしま》や尖閣《せんかく》諸島だけでなく、対馬やその他の島嶼《とうしょ》の領有権を主張する日も来るであろう。対馬の歴史を学ぶ者は、「儒教圏とは、関わらないのが一番だ」と銘記するはずである。

琉球《りゅうきゅう》1

奄美《あまみ》や沖縄を含む南西諸島は、遙か南洋と日本とを結ぶ経路上に位置した。大陸からもさまざまな文物がもたらされているが、言語は日本語であった。十五世紀に琉球王国が誕生したものの自主防衛力がほとんどなかったので、明国や清国や西洋強国に占領される前に日本が回収した。

沖縄関係の歴史を旧石器時代までさかのぼると、一九七〇年に沖縄本島で出土した一万七〇〇〇年前の人骨（港川人《みなとがわ》）を復元したところ、インドネシアのワジャク人に似ていたことが判明している。

南西諸島の近海には南から北上する優勢な海流がある。偶然に漂流者や遭難者がそれに乗ってしまえば、「稲作を伝えよう」だとか、「日本列島に移民しよう」などといった意図は全然なくとも皆、沖縄や九州や山陰・北陸まで、自然に運ばれてしまった（もし不運にも南西諸島と九州をすり抜けてしまい、さらに対馬海峡へも入りそこねた場合には、ただ太平洋へ吹き流されて死を待つだけであった)。

もちろん海流に逆らう航海も可能だった。発掘調査により、縄文時代には九州で採掘される黒曜石《こくようせき》(矢尻《やじり》の材料)が、遠く沖縄まで搬入されていたことが分かっている。『古事記』には、女が口の中で噛《か》むことによって発酵醸造《じょうぞう》を促進する「タチガミ」の酒が出てくる。これは大隅国《おおすみ》(鹿児島県東部)と沖縄にあったことが分かっている風習だが、そもそもマレー人種の酒造術なのだ(山路愛山《やまじあいざん》説)。

歯を黒く染める奇習もマレーから日本に伝わった。そのことは『後漢書《ごかんじょ》』に見え、足利時代の朝鮮人が日本に来て驚いたことのひとつであった(つまり、朝鮮とは異なる文化圏)。

また日本神話では、スサノヲが韓国から日本に帰るときに、丸太の刳《く》り舟を得ることができずに、土舟を使ったとする。あるいはこれは、巨大椀状《わんじょう》に竹を編んで、その目をゴム状のコーティング剤で塗りつぶした、ベトナム式の笊《ざる》舟かもしれない。知らない者が見たら、「かちかち山」の「泥船」のようにも印象されるものだ。佐渡《さど》のタライ舟は、この笊舟の名残なのだろう。「かぐや姫」の原話もベトナムにある。あの地方の竹の外径の大きさを思えば、竹の中から幼な子が出てくる話も納得ができるだろう。「因幡《いなば》の白兎《しろうさぎ》」の

琉球の稲作

沖縄本島の北西沖に浮かぶ伊平屋《いへや》島の田園。本土の風景と同じである（写真　小早川渉／アフロ）

原話はインドネシアにあり、そもそも鮫《さめ》と兎ではなくて、ワニとシカの話であった。

薩南《さつなん》から南西諸島を経由して大陸と連絡するルートは奈良時代には間違いなくあった。唐の鑑真《がんじん》和上《わじょう》は難船して「あこなは」島に漂着したと、その伝記に記載された。宋代から元代にはこの往来は下火となったが、薩摩と沖縄は密《ひそ》かに交通していた。

沖縄本島内で三つの政権が相争った十四世紀、各政権は自分たちの正統性を裏づけるために競って明に進貢した。このとき明国では沖縄を「琉球」と表記した（その前の元朝は、台湾のことを琉球と呼んでいた）。

足利政権が堺浦より発航させた貿易船は、薩摩の坊之津《ぼうのつ》、山川《やまかわ》、種子島に寄港して、道すがら通辞《つうじ》（通訳。おもに僧侶）や船頭、商品の硫黄《いおう》（薩南諸島産で、火薬の材料となる）を補充し、明の寧波《ニンポー》へ向かっている。

南西諸島の住民が話していた言語は日本語方言であって、シナ語方言ではなかった。宮古島《みやこじま》の挨拶《あいさつ》語である「わかわかやー」の「やー」は、宮中新年歌会始《うたかいはじめ》で代々御歌《おうた》を詠《よ》みあげてきた冷泉《れいぜい》家が発声する冒頭の五音節とまったく同じ調子だ。

民俗学者の柳田國男は、遙か昔に都（近畿地方）で語られていた言葉が長い年月をかけて日本列島の東西方向へ拡散伝播していった痕跡を、現代より逆にたどることができると立証した（『蝸牛考《かぎゅうこう》』）。

自然な海流と逆方向に、沖縄を含む先島《さきしま》群島まで古い日本語は伝わり、定着していた。沖縄は北海道とは違い、日本人が文字記録を残しはじめる以前から日本国境域の内側に入っていた。

一八五三年から翌年にかけ、四度にわたって那覇《なは》とその周辺を踏査したペリー遠征艦隊の公式報告書には、島の駄載馬《ださいば》が去勢されておらず、おそろしい暴れ馬であった様子が活写されている。これが大陸文化圏ならば、牡馬《おすうま》を去勢しないで役畜《えきちく》にしようとはしない。

薩摩の島津氏は、南西諸島すべてが日本国の境域内に含まれ、住民も同じ日本人に他ならぬことを承知していながら、あえて「琉球」は「二流の外国」であるということにし、その「二流の外国」を薩摩藩がうまく服属させているという構図をこしらえた。このようにすると島津氏には別格なステイタスが生じ、秀吉も、徳川氏も、島津家に対して薩摩からの「転封《てんぽう》」を命ずることは難しくなる。

そのうえ、大陸との間接貿易からの巨利も安全に保証された。島津氏や日本国が明朝や清朝に対して「朝貢貿易」するわけにはいかぬけれども、「琉球王」にそれをさせて薩摩が横から搾取する分には、国際序列上の政治的不利益は生じないのである。

琉球2

一六〇九年の侵攻によって、琉球王国は薩摩藩の支配下に入った。沖縄に関する不正確なイメージは、ここから始まる。密貿易ルートを独占したい薩摩藩が、ことさらに琉球を異質な外国として強調したことで、沖縄の地位に対する本土人の偏見もつくられた。

徳川氏が対外自由貿易を禁じた後も、南西諸島方面海域では大陸の民間船とのあいだで洋上の取引が続いている。なぜ、薩摩にはそれが可能だったのだろうか?
幕府向けの公式ストーリーとしては、「琉球人が密貿易しているらしい。薩摩としてはそれを取り締まって商品を没収するようにしている」とでも口頭説明しておけば、誰にも確かめようはなかった。島津氏は朝廷にも幕閣にも手厚い「付け届け」を欠かさなかった(その財力を背景に通婚政策も進められた)。それらの原資が大陸との直接の密貿易であったとしても、「二流外国である琉球人が密貿易しているだけ」という表向きのストーリーが通用するかぎりにおいては、誰もそれで迷惑する話ではなかっただろう。

薩摩が沖縄に力を及ぼしていなければ、英国かフランスが、沖縄を軍事占領しようとしたであろうことは間違いない。阿片《あへん》戦争（一八四〇〜四二年）で清国の五港が開放されると、近海の往来船は倍増し、英仏は中間避泊港を欲した。しかし、薩摩が南西諸島の「力の真空」を埋めていたおかげで、沖縄は英仏どちらからも占領されることを免《まぬが》れた。

ところで明治維新を推進したインテリ下級武士たちは、日本国の「辺境人」が旧体制下に不当に不自由な扱いを受けていることについては、概して同情的であった。

戊辰戦争最終局面の箱館戦争でも、松前《まつまえ》藩は新政府軍側であったのにもかかわらず、到来した新政府軍からむしろ冷視されている。それまでのアイヌ人に対する非同化的な差別行政（それは「同化政策」という大和政権の長い伝統に反する醜聞《しゅうぶん》であった）や、農業をかえりみず、北辺奥地に入殖《にゅうしょく》せず、ニシン商人からの多額の上納金で藩の高官だけが左うちわに暮らしていたという実情は、対露情勢が緊張した直後から内地には知れわたって、倒幕派からも、佐幕《さばく》派からも、憎しみや蔑《さげす》みを買っていたのだ。

同じように新政府は、薩摩による沖縄住民支配も黙認しなかった。明治五年（一八七二）には「琉球の王制」を公式に否定。沖縄人民を「二流外人」扱いすることを止めさせ、反動的な西郷隆盛グループ（薩摩武士が全国の庶民を沖縄のように厳格統制する未来を夢見ていた）が西南戦争で一掃された後の明治十二年、ついに正式に「日本国沖縄県」とした。

それに先立つ明治四年、宮古島の漁民が台風のため台湾南部東岸に漂着し、五十四人が「蕃人《ばんじん》」のため虐殺された事件は、清国に迫って沖縄の日本帰属を公認させるまたとないチャンスだと大久保利通には映った。

三年後、外人記者あしらいのうまい西郷従道が、英国の妨害を排除して台湾への「膺《よう》懲遠征《ちょう》」を強行。ドイツ製最新小銃を装備していた現地の一万人以上の清国兵は、三〇〇〇人足らずの日本軍に蹴散《けち》らされた。大久保は北京に乗りこんで清国政府に償金を支払わせ、それによって沖縄が日本国に帰属していることを天下に示したのである。

列強もこれで近代日本政府の統制的な軍事力を承認し、幕末からずっと横浜に警備目的で駐留を続けていた英仏両国の軍隊が、この直後に撤兵の運びになった。

ペリー艦隊（黒船）は、沖縄に貯炭場《ちょたんじょう》（蒸気船燃料の補給施設）を設けるという使命も帯びていた。さかのぼると一八二四年、米国とロシアが条約を結んで、互いの領海で漁労してもよくなった。その結果、日本近海にやってくる米国の「捕鯨船」や「あざらし狩り船」が一八四〇年代には一二〇〇艘にも増えていた。

やがて米国も対清国貿易に参入。米海員の生命財産の保護のために永久的な「日米和親条約」を結べと、ペリーは大統領および国務省から命じられた。

ペリー提督から米連邦議会への公式報告書である『日本遠征記』によれば、一八五三年と五四年において、沖縄貿易のほとんどが日本船によって行なわれている。その相手方もすべて日本であった。那覇に入港を許された清国船は一艘もなく、在島中の清国人は密偵につきまとわれ、ののしられ、侮辱されていた。

「もしも沖縄が清国の属領ならば、このようなことはないはずだ」と、ペリーは綴《つづ》った。

ペリー提督

黒船来航

「泰平の眠りを覚ます上喜撰《じょうきせん》（蒸気船）、たった四杯《しはい》で夜も眠れず」の狂歌で知られる黒船来航事件は、その後の日本の海上防衛観を根底から覆《くつがえ》した。蒸気船の能力は、帆船と比較して圧倒的だった。

石炭ボイラーの熱で真水を沸騰させ、その蒸気の膨張力がピストンを動かし、外輪またはスクリューを回転させることで前進・後退が自在にできた黒船艦隊の蒸気船……。嘉永《かえい》六年（一八五三）、米海軍東インド艦隊司令官マシュー・ペリー率いる四隻の船団が「江戸湾の入り口」に来航して以来、日本列島の安全保障環境は一変してしまう。その全国的な自覚から、明治維新すらも誘導された。いわゆる「幕末」の始まりである。

具体的にはいったい何が、それ以前と変わったのだろう？

メルヴィルの小説『白鯨《はくげい》』に描写されているような帆走式の捕鯨母船は、必要に迫られれば一年でも二年でも、米国東海岸の母港へは戻らずに、太平洋で鯨を追いつづけることが可能であった。つまり航洋型の帆船は、事実上、航続力が無制限だった。

長所がある反面、短所もあった。帆船は、機敏に船体をバックさせることができない（古代の漕ぎ船ならばできたのだが）。純帆船の舳先《へさき》の向きを百八十度変えるためにも、広大な海面と数十分もの時間が必要であった。

これは、敵対的な集団が陸上で火器を揃えて待ち構えているおそれがある「入り江」など、狭水面《きょうすいめん》（両岸が迫っている海上地点）への帆船の進入は、基本的に避けなくてはならなかったことを意味する。

よしんば入っていくことが可能でも、出てこられるかどうかの保証がなかった。岸からとつぜんに激しい射撃を蒙《こうむ》った場合に、よほどうまい具合に陸から海に向けて強風が吹いてでもくれぬかぎりは、狭水面の大型帆船はニッチもサッチもいかなくなる。むざむざ破壊され、焼き討ちされる運命を甘受するほかないであろう。

しかしこれが蒸気船であったならば、罐圧《かんあつ》（ボイラー内の高い蒸気圧）を下げないように用心していれば、いつでも機関を後進全速に入れて、無風であっても逆風であってもお構いなしに、狭水面から悠々と離脱ができた。「これ以上進めば座礁する」という、敵国の岸辺のギリギリまで迫って敵国の港町を大砲で脅かすこともできる。帆船ではとうていそんなマネは企てえなかった。

艦載の大砲の射程がせいぜい二キロから五キロぐらいしかなかった当時、外国本土を軍艦で脅かしてやりたいと思っている側にとっては、帆船であるか蒸気船であるかによって、迫力が段違いに違ってくるわけだった。

蒸気船は、風や、海流（または河水の流れ）を気にせずに、あらかじめ申しあわせた時刻に確実に港から一斉《いっせい》出撃することもできる。それは「艦隊」作戦の革命だった。

初来日のペリー艦隊は四隻構成で、当時の狂歌は「たった四杯（四隻）」と歌ったが、そのうち蒸気船は二隻だった。二隻の蒸気船（旗艦「サスケハナ号」と「ミシシッピ号」）で二隻の帆船（「サラトガ号」と「プリマス号」）を曳航《えいこう》して、無風の江戸湾に入ってきた。少数の蒸気船が加わっただけでも、旧来の艦隊の威力は倍増した。

蒸気船同士の最初の水上砲戦は、米国の南北戦争中に生起《せいき》している。その次の蒸気船同士の海戦や、洋上砲戦による初の蒸気船の爆沈が、幕末の日本沿岸で立て続けに起きた。と同時に、蒸気船が導入されたことで、日本列島の太平洋側の沿岸航海は、はじめて「遭難死」とほぼ無縁になった。

蒸気船を持つ前の日本人は「群島国民」ではあっても「海洋国民」ではなかった。それまでの日本の舟艇は、せいぜい沿岸か、大陸との短い距離を行き来するだけだったからである。蒸気船が、世界に占める日本国の面目をまったく改めたのだ。

日本人が見た蒸気船

「黒船の図」（神奈川県立博物館蔵）

和親《わしん》条約

幕末、日本の周辺海域では、強大国（英国、フランス、ロシア、米国）の艦艇が出没し、幕府の鎖国政策を揺るがした。いずれも日本との商取引を望み、なかでも熱心なのはロシアだったが、米国が一番乗りを果たした。

幕末、日本沿岸には、英米の帆走捕鯨船を大宗《たいそう》（おおもと）とするおびただしい外国船が姿を見せている。しかし結局、一八五四年、日本が最初に「和親条約」を結んだのは、ロシアでも、オランダでも、英国でも、清国でもなくて、アメリカ合衆国だった。

それには何か必然の理由があったのだろうか？

英国のキャプテン・クックによる第三回太平洋探検航海（一七七六〜八〇年）は、米国独立戦争（一七七六〜八三年）の時期と重なっていた。この戦争は、「英国 対 十三州殖民地《しょくみんち》」の単純な図式ではなく、フランス、スペイン、オランダがすべて英国の敵に回り、ロシアも中立をすることで、英帝国による地球支配の流れを食い止めた「世界大戦」であった。

その後、おそらくは長崎のオランダ人を通じ、日本人は、大型の航洋帆船と大砲と陸戦兵力とを組みあわせた西洋列強の殖民地拡張合戦の片鱗《へんりん》について聞知《ぶんち》した。

ロシアのラクスマンが根室《ねむろ》に来航した一七九二年は、革命フランス軍がほとんど全方位で自衛戦争を開始した年でもあった。同年に林子平《はやししへい》の『海国兵談《かいこくへいだん》』が評判となり、幕閣はすこぶる困惑。著者と出版人は処罰されている。

子平は、中津《なかつ》藩の藩医・前野良沢《まえのりようたく》に師事していたことがあり、それで長崎情報に通じていた。ちなみに、オランダ語文献の読み方を独学で修めた幕臣の青木昆陽は、その死の数カ月前に、前野良沢に蘭文知識のすべてを伝授。その良沢が小浜《おばま》藩の杉田玄白《すぎたげんぱく》とともに苦心惨憺《くしんさんたん》『解体新書《かいたいしんしょ》』を全訳したことで、日本の洋学の開祖と讃《たた》えられる。

その流れを受けつぐ子平は、おそらくジョージ・ワシントンの名前は知っていたはずだが、「ナポレオン」（一七六九～一八二一年）は聞いたことがなかっただろう。もっともナポレオン・ボナパルトは、絶東《ぜつとう》の日本とは終始、直接の交渉はなかった。

ところが、一七九〇年代後半から一八一五年（ウォータールーの戦い）までのあいだ、ロシア帝国は、ナポレオンのフランス軍から少しも注意を逸《そ》らすことができなかったという点で、ナポレオンはわが国の恩人なのだ。一八〇四年に長崎に入港したレザノフが低姿勢だったのも、ロシア政府がヨーロッパ動乱への対応に巻きこまれており、とうてい極東へは軍事力の増派が期待できないことを承知するがゆえだった。一八一二年にはロシアの古都モスクワまでもが占領されてしまい、「冬将軍」の力を借りてやっとのことフランス軍を撃退した。

英国は欧州でロシアやプロイセンに軍資金を与えて反ナポレオン戦争を続行していた一方で、一八一二年から一四年にかけては米国とも再び交戦し、このたびはホワイトハウスを陸戦隊が焼き払うなどやりたい放題だったが、さすがに日本にまで大艦隊を派遣する余裕は残してはいなかった。しかしナポレオン戦争がなければ、英国によるシンガポール確保（一八一九）はもっと早まり、その結果、阿片戦争ももっと早く起きたであろう。

かたや、独立戦争後に「連邦の海軍」というものを捨てて省みなかった合衆国議会は一八一四年の対英敗戦で目が醒《さ》め、そこから米海軍が徐々に拡充されはじめた。それがちょうど、スティーヴンソンが蒸気機関車を発明した「動力革命」の黎明《れいめい》期と重なっていた。

英国は一八四二年に南京条約を清国に強いて五港を開かせたうえに、香港を領有した。これで英国は徳川幕府にとっての大きな脅威となった。

一八五二年十一月、ペリー提督座乗の蒸気軍艦「ミシシッピ号」が日本を目指してまず米国大西洋岸のノーフォーク軍港を出たとき、すでに英国は、ボルネオ島東岸も押さえ、シンガポールから香港に至る海域を意のままにすることができた。

しかし、フランス（ナポレオン三世）やトルコとともに、ロシアの膨張を抑制するためのクリミア戦争が一八五三年に始まり、極東でも英仏合同艦隊がオホーツク海でロシア艦を追いかけまわしたり、カムチャツカ半島東岸のペトロパヴロフスク軍港を強襲したりという騒動になった。そのさなかになんとか日本を味方につけたいと訪日したプチャーチンが、日本人に対してこわもての態度には出られなかったのも当然だろう。

ペリーはこうした国際情勢のタイミングにも恵まれているけれども、『日本遠征記』を一読すれば察せられるように、その用意はすこぶる周到であり、日本人の感情をいたずらに害しないように、さりとて徳川幕府から舐《な》められることがないように、全艦隊に終始厳正に規律を守らせた。彼は一九〇四～〇五年のあのバルチック艦隊よりも長い距離を航海して、一艘の事故喪失艦も出していない。この遠征任務のために生まれてきたような男が、自分でプランニングしたミッションを完全にやり遂《と》げた。

蒸気式米国艦隊の育ての親であるペリーの個人的才気が、その遠征航路上に米国所有の貯炭場が皆無であるという一大ハンデをも克服し、日本の海岸での戦争に訴えることなく、米国に外交史上の大手柄を挙げさせたのである。

オランダはフランス軍のため本土を一時占領されて昔の威勢をなくし、長崎出島《でじま》の商館長は、経済的にも、軍事的にも、「徳川の祖法《そほう》」――つまり「鎖国」という政策を枉《ま》げさせるだけの迫力を持ちえなかった。

そのオランダも、一八五六年には日本と「和親条約」を結んでいる。また英国は、米国から少し遅れて同じ年の一八五四年に、ロシアは一八五五年（和暦では一八五四年）に、それぞれ立て続けに日本と「和親条約」を結んでいる。

清国は阿片戦争後もあいかわらず「反近代」の儒教国家であり、国と国とは法的に対等であると仮定する西洋近代条約（和親条約）の発想には徹頭徹尾、背を向けていた。

征韓論《せいかんろん》

戦前日本の「侵略的態度」の元凶《げんきょう》のようにいわれてきた征韓論だが、これは効果的な対露防衛戦略のひとつだった。ロシアが「半島経由、九州方面へ」と「樺太経由、北海道方面へ」の「二正面攻撃」を展開するのを阻止するには、日本軍が半島まで前進すればよかったのだ。理に適《かな》った地政学の応用サンプルである。

明治維新の当初において、「蝦夷地」（北海道・樺太・千島）を防衛するためには、日本の陸軍が朝鮮半島からポシェット湾（ウラジオストックの一〇〇キロ南西に位置）、さらにニコラエフスク（尼港《にこう》。アムール川の河口から入った地点にある港湾都市）までも遠征して帝政ロシア陸軍と雌雄《しゆう》を決する必要がある――と構想することができていたのは、西郷隆盛だけであった。

これが西郷の「征韓論」のベースだった。「失業士族を元気づけるために韓国と戦争すれば良い」などといった短視眼的な思いつきではないのだ。

しかし、洋行したこともない西郷は、たったひとりでそこに想到《そうとう》しえたのだろうか？

その可能性はゼロではない。が、一八五八年に急死している薩摩藩の先代藩主・島津斉彬《なりあきら》（異母弟・島津久光《ひさみつ》による毒殺説がある）が生前、隆盛個人に対して北東アジアの地政学についてレクチャーし、ビジョンを与えていたのだとすれば、いっそう納得できるだろう。

日本列島は、朝鮮半島から直接侵略を受けた場合には、「一正面作戦」の態勢で防戦することが可能である。これは有史以来、何度も実証された。

その場合、北九州が「最前線」となり、本州の西国地方は予備部隊が展開する「第二線」および「後方基地」となり、関東と東北は最も後方の「兵站基地」となって補給品と補充兵員を前線へ送りだす。そのような全国シフトがとられるであろう。

ところが、もし帝政ロシア軍が朝鮮半島を征服した後、西方で九州北部に対して渡海侵略を発起すると同時に、北方でも北海道に対して樺太から南侵できる。すると、どうなるか？

日本は「二正面作戦」の全国シフトを敷かなくてはならなくなってしまう。すなわち関東と近畿がおおもとの「兵站基地」となり、四国中国と東北は「後方基地」となり、九州と北海道の「最前線」を支えなければならない。とはいっても、明治前半のわが国の総合国力では、この「二正面」同時の本土防衛戦争は、とうてい成算がなかったのだ。

ロシアに対する「二正面」の本土防衛は避けたい

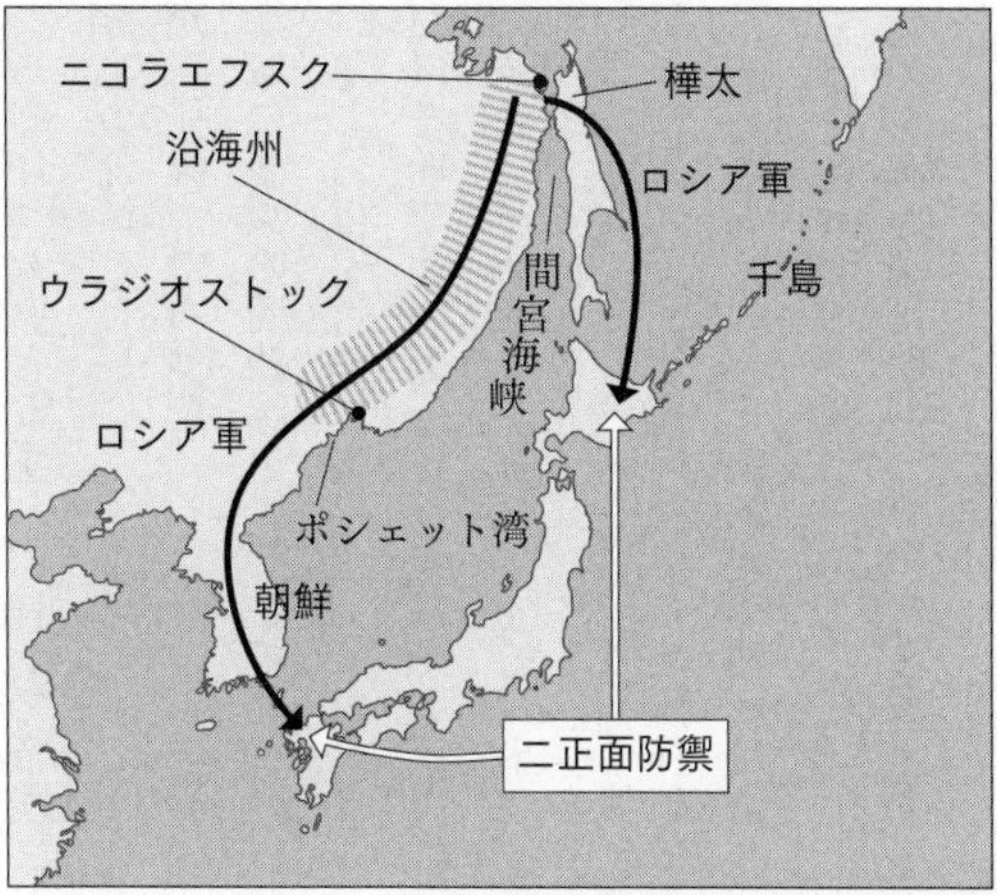

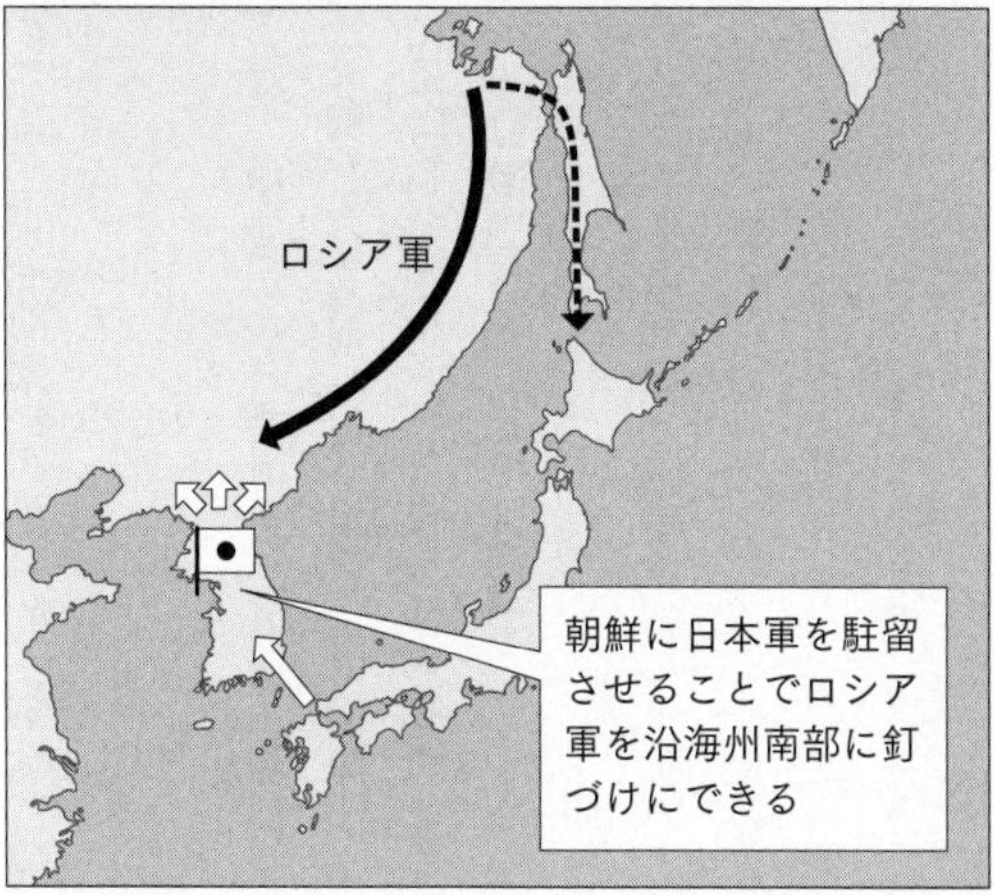

それなら、いったいどうすればロシア帝国に対する「二正面防禦」の絶対的な不利に陥らずに済むか？

答えが「征韓」であった。

極東海域に多数の商船隊を維持していないロシアは、沿海州から北海道へ直接上陸作戦をしかけることは不可能であった（この事情は第二次大戦後の冷戦期も同じだった）。沿海州から兵隊だけを船で北海道へ送り届けても、現代戦には勝利できない。上陸後の弾薬消費量は厖大である。その補給が継続できなければ、遠征軍は敵中に孤立して降伏するしかなくなる。

ロシア軍にとって北海道に対する上陸作戦は、必ず樺太の南端から発起するしかない。

樺太は一八五五年の「日露和親条約」により、日露両国民の雑居地だと定義されたけれども、実態として明治二年（一八六九）までにロシア人が南端までを制圧した。だから樺太南端での有利な陣地防禦（それが可能であるかぎりは、ロシア軍は複雑な北海道渡海侵攻は計画しようがないはずだった）は構想しえない。日本は明治八年（一八七五）の「千島・樺太交換条約」により、その残念な現実を受けいれた。

ではロシア帝国は、自領である樺太へはどのように物資や増援軍を継続して推進しえたか？　これも、樺太と沿海州のあいだがいちばん狭くなる、北樺太の間宮《まみや》海峡（アムール川の泥の堆積《たいせき》によって水深は非常に浅く、濃霧の名所で、しかも冬は真っ先に流氷で閉ざされる）を、小型の平底船で夏季にシャトリング（頻繁に往復）するしかなかった。その沿海州の渡し場までの物資輸送手段は、夏季の川舟か、冬季の馬橇《うまぞり》（川筋が氷のハイウェイになる）のみである。

もし日本軍が夏のあいだ、朝鮮半島からウラジオストックに対して軍事的な圧力を示威《じい》することができれば、ロシア軍としては、北樺太への補給推進どころではなくなるであろう。沿海州南部の守備に全シベリアの軍事資源を集中させなくてはならない。

それによって日本側としては「一正面防禦」の作戦プランに整理できるわけで、対露国防は現実的かつ合理的に可能になるのである。

その反対に、もしも半島に露軍が進駐してしまえば、万事は休する。だから西郷隆盛の軍事政策上の「直弟子《じきでし》」だといえた黒田清隆《くろだきよたか》が明治九年に朝鮮に渡り、日本のプレゼンスを画策しようと、予備的偵察をしているのだろう。

屯田兵《とんでんへい》と開拓使《かいたくし》

いまだ一枚岩にはなれぬ明治の新政府だが、対露防衛の必要には異論はなかった。西郷隆盛は、鹿児島出身の旧士族を救済する策として、北海道防衛を見直す。

もともと「屯田」とは、大陸王朝が考えた辺境防備の制度で、遠隔の国境砦《とりで》まで中央から糧秣《りょうまつ》（将兵の食糧と軍馬のまぐさ）を荷車で補給してやるのでは国庫の負担がたいへんだから、守備隊がその場で土地を耕作して自活するようにさせて、厖大《ぼうだい》な輸送コストを節約しようと狙ったものであった。

これに対して近代明治政府の「屯田兵」は、東北六県と等しい面積があるのにまるで住民が稀薄な北海道をロシアからどう防衛するかという喫緊《きっきん》の課題と、西郷隆盛の鹿児島士族活用（救済）ポリシーがたまたま一致して実現したものである。

明治十年以前、山縣有朋（中将だが、兵部省と陸軍省のボス）と西郷隆盛（日本でただひとりの陸軍大将）は「近代日本軍」のあるべき姿について、根本から相容《あいい》れぬ主義を奉じていた。

日本にとっての最大脅威が北方のロシア帝国であるという認識だけは共通だったけれども、長州藩の中間《ちゆうげん》（士族ですらない、武家に雇われた使い走り）身分の出である山県有朋は、庶民が能力次第で指揮官となる近代的な国民徴兵軍によって日本本土の守りを固めねばならぬと信じたのに対し、西郷隆盛はあくまで、鹿児島士族を中心とした精神的エリート層が、臆病でだらしない庶民からなる「雑兵《ぞうひよう》たち」の上に君臨し、積極的に外征もするような国家体制を理想視していた。

山県が当時の主義として外征を厭《いと》うたのは、この西郷のような考え方の鹿児島士族は近代国家の統制に服するわけがないので、いずれ薩摩との内戦に日本政府は備えておく必要があるという大村益次郎の判断を了承していたためである。

明治四年に西郷は、桐野利秋《きりのとしあき》少将に鹿児島士族二個大隊を率いさせて真駒内《まこまない》などに「土着」させるという構想を一方的に進めようとした。

しかし大久保利通以下の政府多数派は、それを許せば北海道は「第二鹿児島国」になって、行く末は日本から分離独立しかねないと懸念し、計画を潰す。

明治六年に山縣主導で全国に「徴兵令」が発布されたとき、北海道はあまりにも人口が少ないので、徴兵制度の唯一例外地域とするしかなかった。そこで西郷は、「開拓使」(「北海道および樺太開発省」とでも呼ぶべき機関で明治二年からあり)に子分の黒田清隆を送りこんで実質の「第二陸軍省」にさせ、その開拓使を「薩摩士族の殖民地」に変えてしまうという奇策を捻《ひね》りだした。

黒田が屯田兵の創設を建議すると大久保は賛成し、明治八年に札幌の琴似《ことに》村に最初の屯田兵中隊が置かれた。

開拓使と屯田兵の幹部職は薩摩士族が独占した。しかし屯田兵の下級兵には、東北の士族が多く志願した。もしもロシア軍が北海道に攻めこんできたときは、屯田兵たちはあくまで持久ゲリラ戦を展開し、本州からの逆襲部隊来援を待つ手はずであった。

西南戦争では、これら屯田兵部隊も小樽《おたる》港から汽船で運ばれて熊本戦線に投じられた。ただし将校は交戦をいやがり、草鞋《わらじ》履《ば》きの下士官と兵だけが力闘した。

黒田は明治七年に、「海軍力を充実させれば北海道開拓使は要《い》らないのではないか」という岩倉具視《いわくらともみ》の異見に強硬に反対したことがあった。しかし米国を視察した黒田は、明治十七年に自己の誤りを悟った。たしかに、鉄道を発達させれば、国境地帯に平時から大部隊を張りつけておく必要はないのである。

日清戦争では、屯田兵を基幹とする臨時第七師団が後詰めとして遼東《りょうとう》半島へ送られ、下関《しものせき》会談のあいだ、北京をいつでも占領できるぞという態勢を示威しつづけた。

明治二十九年、屯田兵は役割を終え、正式に旭川《あさひかわ》市に「第七師団司令部」が置かれる。一方の開拓使は明治十五年に解消され（その直前には薩摩閥の「官有物払下《はらいさ》げスキャンダル」が、伊藤博文によって事件化されている）、明治十九年、札幌に「北海道庁」が置かれた。

黒田清隆

屯田兵村

琴似で撮影されたもの
（北海道大学附属図書館蔵）

海軍と陸軍

戦後の日本国内では、「帝国陸軍が暴走したのに対し、帝国海軍では軍紀が守られ、民主的な運営がなされていた」と考える向きが多い。しかし、日本の旧陸・海軍の性格は独特で、そこには単純な善玉も単純な悪玉もなかった。

徳川将軍が大政奉還したのち、内戦（戊辰戦争）が起きた。このとき「官軍」の勝利――明治維新に貢献したのは、海軍と陸軍、はたしてどっちだったのだろう？

じつは、海軍と陸軍を相対立《あいたいりつ》する別個の軍隊組織のようにとらえるのは、日清戦争から対英米戦争までの近現代日本のみの特殊な体験に基づく。わが国を除いたすべての国家では、「革命を成就させるのは必ず陸軍」というのは常識だ。

たとえば、第二次大戦中のアメリカ合衆国には「国防長官」はまだ置かれておらず、その代わり「陸軍長官」と和訳される文民のヘンリー・スティムソンがいた。彼の国家安全保障関係閣僚としての席次は「海軍長官」のウィリアム・フランクリン・ノックスよりも上だった。そのポスト名を素直に直訳すれば「戦争長官」（Secretary of War）となる。事実上の「国防長官」なのである。それを「陸軍長官」と誤訳してしまうから、日本人読者の「ガラパゴスな常識」を助長してしまうのだ（念のため付言しておくと、二〇一九年時点での米国政府組織図では、国防長官の下に陸軍長官、海軍長官、空軍長官という三人の文官ポストがある。海兵隊長官は存在せず、海軍長官が海兵隊も見る）。

帆船時代のカリブ海やインドや東南アジアでの殖民地争奪戦史を紐解《ひもと》けば、当時の先進強国においては、陸軍軍人が艦隊指揮官になった例はよくあり、遠征艦隊司令官がついでに陸戦も統制することも特段珍しくはなかったと知られよう。

鳥羽《とば》・伏見《ふしみ》の戦いでは、蒸気船によって瀬戸内に面した三田尻港から一挙に淀川下流域まで輸送された数千名の薩・長連合軍が、海軍力では優越していたはずの幕府軍を圧倒して大勢が決した。

このとき、徳川方も、新政府軍側も、軍艦を動かしていた中核的人材は、「長崎海軍伝《でん》習所《しゅうじょ》」（一八五五年創立）や「軍艦操練所《そうれんじょ》」（一八五七年創立）をマネージしていた幕臣（下級旗本）の勝海舟《かつかいしゅう》によって、直接的・間接的に育成されている。

勝の考え方は、「蒸気船時代のわが国の防衛には有力な海軍が不可欠である。幕府も雄藩も単独ではヒト・モノ・カネの動員力が弱すぎるので、新しい海軍は、日本国家全体で保有され、教育され、運用されなければならない」というもの。要するに、「幕藩制ではもう国防は不可能だから、どのみち徳川支配は早く終わらせなくてはいかん」と、旗本の海軍大臣が説きまわっていたのだ。

徳川慶喜《よしのぶ》もそこはよく呑みこんでいて、箱根や関東平野の陸戦で逆転勝利しようなどとは考えずに、恭順《きょうじゅん》した。

戊辰戦争を通じ、概して新政府軍の陸上部隊のほうが、旧幕系の陸上部隊よりも神速《しんそく》、効率的に進退しえた。

旧幕系の軍事組織は、個々の将兵の「家柄」によって陣地や行軍での位置関係までも細々とうるさく規定され、「家柄」の低い小部隊指揮官が自分だけの判断で前に出たり、敵陣の弱点である後方へ回りこんだりという「イニシアティヴ」（これを明治陸軍は「独断専行」と和訳する）は発揮できない仕組みになっていた。そんなスローモーな軍隊を何万人集めたところで陸戦では連敗するのみだと、徳川慶喜には推知されたのである。

その後、維新政府は、自由民権運動が「反藩閥」諸勢力による新たな革命に結びついてはいけないと思い、フランスの首都憲兵やソ連のKGB（旧NKVD）のような、政党政府がプロ軍人を制御するための準軍隊的な「警察軍」組織を設けず、むしろ陸軍に特権を与える（エリート幕僚が絶対に罰せられない人事制度など）。

しかし、日露戦争後の帝国陸軍の政治権力は過剰であるとの危機意識が、宮中・外務省・内務省・政党議会・経済界で共有されたので、彼らは、帝国海軍を地位の上で陸軍と完全対等にすることで国内の「権力バランス」を取ろうとした。

かくして、世界の中で戦前の日本の政体だけが「陸軍大臣」と「海軍大臣」を同列に扱い、それが「日米戦争」も運命化してしまった（海軍主導の対米開戦を引きおこした）のである。

広島宇品港《うじな》

大陸（半島）へ軍隊を送るには下関港を発するのが近い。しかし鉄道による動員の高速化と、低速運漕船の不利を考え合わせた明治陸軍は、広島の宇品港に目をつけた。

明治二十七年の対清戦争でも、明治三十七年の対露戦争でも、そして昭和の対英米蘭戦争までも、日本陸軍部隊が外地へ船舶輸送されるときの起点港には、宇品岸壁（広島県広島市の南端海岸）が使われることがいちばん多かった。

たとえば日露戦争では、新潟県の聯隊《れんたい》は、日本海側の港から朝鮮半島東岸へ輸送されることはなく、はるばると信越線（明治二十六年全通）で東京まで南下し、東海道線と山陽線で宇品へ輸送され、そこから船舶で釜山か大連《だいれん》まで運ばれた。

昭和十四年に「盛岡騎兵第二十四聯隊」の新兵だった田中角栄《たなかかくえい》（戦後の総理大臣）の自伝にも、同隊が同年三月に満州での警備任務につくのに際して、わざわざ鉄道で宇品まで移動し、そこから船舶で羅津《らしん》（いまの北朝鮮東岸の港）まで海送され、そこからまた鉄道に乗り継いだことが回顧されている。

帝国陸軍は、「東国の部隊は青森港や新潟港や敦賀港から日本海を渡して輸送コストを下げればよい」という発想を、一度も持ったことはなかった。

理由は、陸軍は独自に海上交通線を「護衛」する手段を持たぬためである。

げんに日露戦争では、「近衛後備歩兵第一聯隊」の七〇〇余名と「二十八珊榴《サンチ》弾砲」など兵器弾薬を満載した大型汽船「常陸《ひたち》丸」が、壱岐沖でウラジオストックから南下してきた敵巡洋艦と遭遇してしまい、生存者はわずか八十余名、資材はすべて喪失するという悲劇に見まわれた（同じ日に「佐渡丸」もやられた）。

満載状態の徴用輸送船は、敵軍艦の速力と砲力からとても逃れられるものではない。相手が小型軍艦でも、洋上で見つかったが最後なのである。津軽海峡の東側でも、同じウラジオ艦隊が、鉄道器材を満載した民間汽船などを撃沈している。

明治の日本陸軍のエリート作戦参謀たちは、ドイツ陸軍が十九世紀に確立した「カンププログラム」（kampprogram　戦争計画）の信奉者だった。普墺《ふおう》戦争（一八六六年）と普仏《ふふつ》戦争（一八七〇～七一年）は、村役場の徴兵事務係と鉄道網とを分単位のスケジュールで活用することによって、「兵力総動員速度の差による戦略奇襲」を実現し、隣の強国の戦備未《み》了《りょう》に乗じて終始翻弄《ほんろう》し、快勝した模範例だとされた。

ところが困ったことに、日本の内地の各師団の所在地と、日本が想定する近未来の戦場（朝鮮半島から南満洲）とは、陸続きではない。参謀本部が、国内鉄道端末までの動員輸送プランをいかに精緻《せいち》に立てようが、その先の海上輸送中に、鈍足の輸送船が拿捕《だほ》・撃沈されるなどしてしまえば、そこで「カンププログラム」は破綻《はたん》するしかないのである。

だから明治の参謀本部は、大陸向けの海送ルートとしては、最短航路である「関門海峡（下関）〜釜山」しか考えなかった。それが、対大陸動員計画にいちばん齟齬《そご》を来《きた》さないであろう「最適解」だったからだ（日本海軍が黄海《こうかい》の制海権を握った後には、関門海峡から大連や朝鮮北部の元山《げんざん》まで行くこともありえた）。

日清戦争に動員された広島の「第五師団」は、宇品から仁川《じんせん》まで船で四十時間あれば到達できたのに、海軍が低速船団の護衛のために軍艦を何日も張りつけておくことをいやがり、やむなく上陸地を釜山（当時は鉄道未開通地）にするしかなくなっている。

ならばいっそ、下関まで鉄道で集めて、そこから乗船させるという手順では、いけなかったのだろうか？　それには明らかな不都合があった。敵海軍が優勢で勇敢ならば、関門海峡を直接攻略してくるだろうからだ。

防禦にすぐれた内海の軍港

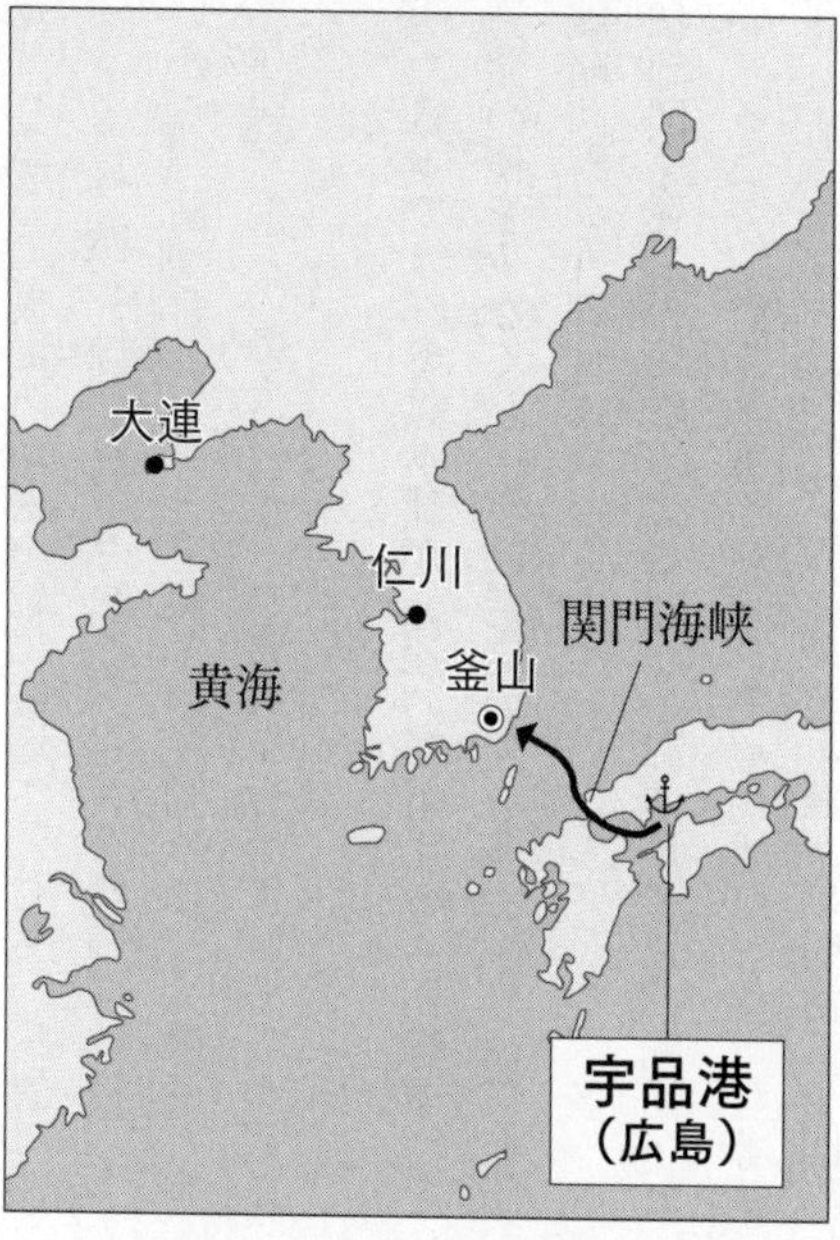

九州の師団は門司港から渡海した。しかし、仮に門司港を敵に破壊されても、影響は限定的だ。長崎など他の代替港を使って海外派兵は続行できる。かたや本州師団は数も多く、半島からは必ずしも近くはないから、話が難しい。日清戦争の初動では、大阪港と宇品港を併用したことで、「一戸《いちのへ》混成旅団」七五〇〇人の将兵と物資を一挙に渡海させることがかろうじて可能になったという。

大型で高速の汽船が常に少なかった日本では、参謀本部が低速の徴用船の「回転率」を高める配意が不可欠だった。大阪湾発の便を少なくし、宇品港発の便を多くすれば、航路は縮み、船団の航海日数の短縮と戦略防禦の合理性は両立できたのだ。

日清戦争の前夜、日本国内で一個師団を運ぶのに鉄道客車は三十両で足りた。輸送スピードは商船とは比べ物にならず速い。そこで、資本形態が民有・民営であっても、国家火急《かきゅう》の要請として、東西方向への鉄道の延伸がうながされる。「東北本線」は明治二十四年九月に青森駅まで開通した。これはむしろ北海道での対露有事を考えた補給路だ。

陸軍専用埠頭《ふとう》としての宇品築港が竣成《しゅんせい》したのは明治二十二年。私鉄の「山陽《さんよう》鉄道」が広島駅（宇品港まで徒歩で六キロ）まで開通したのは、対清開戦が秒読みとなった明治二十七年六月である。

満洲《まんしゅう》と米国資本

大国同士の戦争の終結を仲介するのは強大国にしかできず、それをまとめた政治家セオドア・ルーズヴェルトは歴史に自分の名を残した。だが満洲市場を米国資本にあけわたしたくなかった児玉源太郎《こだまげんたろう》が、それまで日本を贔屓していた米国指導層をすっかり敵に回してしまう。

明治三十八年三月、日本陸軍は奉天《ほうてん》会戦でロシア陸軍を撃砕《げきさい》できたものの、もはや中隊～小隊を指揮する下級将校（大尉・中尉・少尉）を新たに補充することが不可能になっていた。かたや欧州の露軍の兵営には、下級将校（下級貴族）はまだいくらでもいたから、ロシア帝国政府は依然として強気であった。

同年五月の日本海海戦でロシア海軍（バルティック艦隊）が文字どおり消滅すると、アメリカ合衆国大統領セオドア・ローズヴェルトが休戦斡旋《あっせん》に乗りだす。日露両政府がそれに応じ、米国東部のポーツマスにおいて和平交渉が八月から始まった。

このおり、米国内の鉄道の半ばを所有し寡占《かせん》していた業界の風雲児E・H・ハリマン（一八四八〜一九〇九年）は、八月十一日に横浜に上陸し、大連港から奉天駅まで南満洲をすでに実力で占領している日本がロシアから正式に利権を譲渡されることが確定的だと思われた「南満洲鉄道」の複線化に出資する見返りとして、沿線市場の開発に乗りだしたい――と桂太郎《かつらたろう》内閣にもちかけた。

これは、「満洲市場を米国資本に開放してくれるのならば、日本を後援するぞ」という米国指導者層の大方針に沿ったオファーであった。公式記録こそないけれども、戦費負担に苦しみ抜いていた桂内閣は、その大方針の受け入れを水面下でワシントンへ伝えていた。

九月にポーツマスで小村寿太郎《こむらじゅたろう》によって日露講和条約が調印された。東京の桂はハリマンに「南満洲鉄道に関する日米シンジケート組織に対する予備協定覚書」を与えた。ハリマンは満足して十月に帰国の途についた。が、日本に戻った小村がこの話に激しく反対する。桂はハリマンに与えた覚書の破棄を電報しなければならなくなった。

戦後、職業外交官にして論筆家の岡崎久彦《おかざきひさひこ》（一九三〇〜二〇一四年）は、このとき日本がハリマン提案を履行していたならば、対露でも対支でも日米はパートナーとなったはずで、日本が対米英戦争など起こす現代史の流れはありえず、第一次大戦以降の世界はまるで違ったものになっていただろう、と総括した。それは本当だろうか？

じつは日露戦争をあのタイミングで始めたのは、プロ軍人の児玉源太郎（開戦時の参謀本部次長、開戦後は満洲軍総参謀長、終戦後に陸軍参謀総長）とプロ外交官の小村寿太郎のコンビであった。外交史料館には純軍人である児玉の資料は乏しいので、岡崎は児玉が推進したドイツ流「戦争計画」（カンププログラム）の深刻さと、国家指導部要路に対する個別教育（児玉による）には思いが至らなかった。

陸軍大学校でプロイセン流の軍事学を叩きこんだメッケル少佐が、最優等生であった児玉に繰りかえし言って聞かせたことは、「防禦的戦争計画」には確実性はなくて、「攻撃的戦争計画」にのみ確実性（電撃的な勝利）が期待できるんだ、ということだった。

弱小国が大国に勝つには「動員奇襲」で相手を先制し、圧倒するしかないのである。宣戦布告後に動員するようなノンビリしたことを基礎体力のない陣営（ドイツや日本）がやっていたら強大国（フランスやロシア）に勝てる道理はないのだ。当然、動員と兵站の生命線となる鉄道は、平時から国家（平時は鉄道省や逓信省《ていしん》、または半官会社。戦時は陸軍参謀本

桂太郎

ハリマン

メッケル

兒玉源太郎

部）が管掌《かんしょう》するのでなくてはならない。民営では話にならないのだ。

桂の覚書を破棄させたのは児玉だった。児玉は、山縣や井上など長州の元勲たち全員を嫌っていたけれども、近代軍事の要諦《ようたい》に関しては山縣を説得できる強い立場だった。山縣が得心《とくしん》すれば、若輩の桂もそれに従うしかなかったのだ。

それはともかく、南満洲鉄道への米資本参加は諸事情によって謝絶するとしても、満洲や朝鮮、日本の東北地方など他の民間交通インフラなどに関連した開発投資案件で米国資本を導入（利用）する道は、いくらでもあったはずである。もしも内地の東北地方や北海道の経済が日露戦争後に米国資本の力を借りて大発展したならば、誰も米国への移民などを考える必要はなかった。

そうした「ウィン・ウィン」の逆提案を、即座にハリマンを通じて提案し返せるようなマクロ経済政策通のキレ者が、明治の日本の指導層に絶望的なまでに欠けていたことをこそ、われわれは真に嘆くべきだろう。

航空機時代の地政学

日本の北方領土は、米露の対立点に存在する。米国から見て、最も近いアジアは千島列島なのだ。それゆえロシアが、北方四島、とくに択捉島をなんの注文も付けずに日本へ返還することはない。

一九〇三年のライト兄弟の初飛行以降、わけても第一次世界大戦中の軍用航空機の急速な発達は、現代の日本の地政学にどのように影響しただろうか？

一九三一年十月四日、米国人パイロットのパングボーンとハーンドンのコンビが、燃料を満載した単発機「ミス・ビードル号」を駆《か》って初の太平洋無着陸横断に挑むべく、砂鉄質で堅い砂浜が広がる青森県三沢《みさわ》市の淋代《さびしろ》海岸を離陸。四十一時間強の飛行で、北米西海岸のワシントン州に着陸した。

それにしても、二人はどうしてわざわざ青森県を出発点に選んでいるのか？

われわれが、経度線と緯度線が直線のまま直角に交差している「メルカトル図法」や、高緯度と低緯度で陸地の縮尺を微妙に変えてある「ミラー図法」の地図を見ているかぎりは、地球上の二地点間の最短コースを直感的に把握することは難しい。

じつは、北米から最短コースで日本の本州に到達するためには、船舶も、飛行機も、アリューシャン列島をかすめて通らなければならない。これを「大圏《たいけん》コース」といい、地球儀上でゴム紐を張りわたせば、誰でも納得できる。本州のうち、最もワシントン州シアトルに近い場所こそ、青森県の東海岸に他ならなかった。もちろん北海道の北部や東部であれば、さらに北米大陸との距離は縮まる。

第二次大戦の末期に唯一の「原爆運用機」であった「B－29」重爆撃機は、爆弾の代わりに予備燃料タンクを増設すれば、一万一〇〇〇キロも飛行できた。

対日空襲作戦をマリアナから指揮してきた米陸軍航空隊のカーティス・ルメイ少将（後に米戦略空軍司令官）は、日本が降伏するや、まっさきに「ミズタニ飛行場」（いまの北海道東千歳駐屯地内に残る「連山《れんざん》」爆撃機用の舗装《ほそう》滑走路で、その前には水谷農場と呼ばれていた）を部下に視察させ、まだオホーツク沿岸への米軍進駐も完了していない九月十九日に、みずから三機の「B－29」を率いてそこから離陸。「B－29」がシカゴまで無着陸で飛べることを仮想敵のソ連に見せつけている。この場合の大圏コースは、カムチャツカ半島上空を横切るものだった。

一九三一年に単発機で太平洋横断ができたぐらいだから、四発機で沿海州の航空基地から東京まで往復飛行し、一機が二トンの毒ガスを投下することなどわけもあるまいと、帝国陸軍（本土防空担当）には信じられた。実際、ツポレフ技師が一九三〇年に完成させたソ連の「ＴＢ《テーベー》－３」型重爆撃機は、翌年には八〇機も極東シベリアに展開された。これが「満洲事変」を正当化した。

「ＴＢ－３」に日本本土を毒ガス空襲されたくなければ、その飛行場を満洲国境から地上兵力によって急襲的に覆滅《ふくめつ》させられるような態勢を取る必要がある。そういう共通認識が、陸軍部内にできてしまったのだ。当時は、小型の戦闘機では大型の爆撃機を阻止することはできない、と列強のあいだでも考えられていた。

一九四五年に北海道の陸軍部隊は、米軍が大圏コースの千島列島づたいに侵攻してくるのに備えるため、多数のコンクリート陣地を構築している。しかし米軍は、陸海空ともに結局は北からはやって来なかった。この方面の大気が海水温度より極端に低いために濃霧の名所であることと、東から西へ飛ぶ航空機が強い偏西風に正対《せいたい》しなければならないという大きな不利が嫌われたのである。

戦後のロシア人は、もし択捉島に米軍が一大航空基地を整備すると、「オホーツク海はいかなる意味でも、ロシア海軍にとり聖域ではなくなってしまう」と正しく計算している。択捉島から広がる排他的経済水域（ＥＥＺ）も巨大だ。だから、択捉島を日本に返還する気は、モスクワ政府には終始一貫まったくない。

かたや国後島《くなしり》の位置条件は、北海道からは多数の軍用ヘリコプターで随時に奇襲侵攻されるのに、逆に樺太からのロシア軍のヘリ増援は、距離があるために微弱とならざるをえない。ロシア政府は、有事には国後島を保持することはできないと理解している。ＥＥＺも狭い。よって平時の日露交渉の余地も、国後島の帰属に関しては十分にある。

もっとも、日本政府がこの地政学に無頓着で、道東駐屯の陸上自衛隊第五師団をヘリコプター師団化するでもなく、たんにスリム化して旅団化（二〇〇四年）してしまったことにより、ロシア政府は「日本は国後島奪還には関心がない」というメッセージを受けとり、現在に至っている。

中国・朝鮮とロシア

戦後の東アジアの軍事的な安定を保たせているのは、在日米軍と在韓米軍である。これがなければ、中露や北朝鮮のみならず、韓国すら日本を攻撃するかもしれない。

現在のわが国は、中華人民共和国とロシア連邦を筆頭に、「近代自由主義」の価値観を共有しない厄介な諸国とばかり隣りあわせている。その過半が核武装国だ。

しかし幸運にも、近代自由主義の価値観を持ち、稀有《けう》な軍事超大国であるアメリカ合衆国と正規の軍事同盟条約を結んでいるおかげで、わたしたちの日本国内には、他の近隣諸国民が享受しえない自由が存在する。こんな本を一私人である著者が書いたり、出版したりできるのも、その自由の好例と思う。

ロシアは、米国に次ぐ核兵器大国だが、「原油か天然ガスか武器しか輸出するものがない」という貿易収支上の悩みが深い。商人の私益が民主的な法律と行政と近代的司法によって守られないという病的な社会構造が、これからもロシアを、貧乏で、不自由で、不機嫌で、暴力的な人々が暮らす国にとどめおくであろう。

他方でロシア人は「近代とは何か」の理解ができている。世界を欺《あざむ》くときにも捏造《ねつぞう》・宣伝に手間隙《てまひま》をかけて言葉を選ぶ。あからさまな嘘になることは極力語らないように注意を払う。「公的な嘘は反近代」と自戒《じかい》しているからだ。

「悪が善をリスペクトする」あかしである「偽善」に励んでいるわけである。「自分たちは、生存上やむをえずして近代からの逸脱をしているところだ」という自覚を彼らは持っている。「儒教圏人」やイスラム・テロリストとの顕著な相違点だ。

「近代とは、公人が公的な約束を破ったら恥じる」文化が貫いている空間だ。その公的な約束すら、あっけらかんとひっくり返して恥ずる色もない公人が領導する国家に、近代的な意味の「自由」などはありえないのである。したがって中華人民共和国だけでなく、大韓民国も近代国家ではない。米国政府が韓国の核武装を許していないのは真に日本人にとって幸いであろう。

わたしたち日本人は、米軍が韓国に駐留し、実質「占領」しているがゆえに、韓国政府が日本に戦争をしかけることができないのだという「大構造」があることを、片時も忘れてはならない。じつに、戦後の在韓米軍こそが、戦前の日本の地政学的な悩みを忘れさせてくれているのだ。

中華人民共和国は、ロシアと違って石油エネルギーを国内で自給できないという大弱点を抱えている。そのためにボルネオ島沖やサハリン沖を窺《うかが》っているが、その広義の侵略政策の行き着く先は、「大東亜共栄圏《だいとうあきょうえいけん》」を叫んだ戦前の日本とほぼ同じであろう。

「近代の常識が通じない隣人とは交際を謝絶せよ」

これは、福沢諭吉《ふくざわゆきち》が朝鮮人の独立運動家を支援してみて痛切に会得《えとく》させられた結論だった。それをひとことで要約したスローガンを「脱亜入欧《だつあにゅうおう》」と呼ぶ。

西郷隆盛も、山縣有朋（日清戦争で半島に初上陸）も、朝鮮人を援《たす》けて、彼らの軍隊を育て、ロシア帝国に対する防波堤にすればよいだろうと甘く考えていた。が、ひとたび現地の住民一般の性情《せいじょう》を了知《りょうち》するや、とても彼らには自力で「近代軍隊」を生みだせる見込みはないと察した。

権力を笠に着たインテリ役人（両班）と無学な人民とのあいだに、歴史的にいかなる信頼関係も結ばれたことがないような空間には、いまさら「公共心」とか、「他者の自由の尊重」とか、「約束や公法を守る精神」とか、「責任逃れのために事実を捏造しない潔《いさぎよ》さ」といったものは、扶植《ふしょく》しようがないのである。

儒教圏に近代的自由が育たない原因は、人と人、国と国の対等をけっして欣快《きんかい》（喜び）としない鞏固《きょうこ》な「序列思想」にある。序列はそのときどきの強者による「公的な嘘」を常に許容し、肯定する。ついには、そこでは「真実」の持続を誰も信じなくなる。そんな反近代思想を誘導したのも、じつは大陸や半島の固有な「地理」であった（この点について、さらに詳しく知りたい読者は、『あたらしい武士道』『予言 日支宗教戦争』『「日本国憲法」廃棄論』『日本有事』など過去の拙著を参照していただきたい）。

戦前の「大東亜共栄圏」や「教育勅語《ちょくご》」は、「儒教圏人式」の序列思考に日本人が染められた場合に、「日本人はどれだけ不幸になりうるか」を考えさせてくれる生きた教材である。

今後もし在韓米軍が総撤収するような流れができた場合、日本政府は、本州の日本海側に、米国のための新たな基地を複数、用意することが望ましいだろう。

あとがき

この愉快で実りある企画をわざわざ私に註文してくださった祥伝社の堀裕城氏に、篤く御礼を申しあげたいと思います。とくに鎌倉時代より以前の日本の地政学の話は、なかなか書けるチャンスは得がたいものでした。

おぼろげな記憶を呼び醒《さ》ましますに、近世以前のわが国がなにゆえ外国から侵略されずに済んでいたのかについて、私の学生時代には、ジョージ・サンソム氏による「日本の近海には頻繁に低気圧が通過するから危険で、なかなか船は近寄れなかった」といった説明ぐらいしか聞かれなかったものでした。

ようやくこの頃、舶来地政学の咀嚼《そしゃく》を済ませ、国家の立ち位置を地政学的に自省できる論考が、深まろうとしているのだと思います。本書がいささかでもそこに貢献ができたのならば、望外のよろこびです。

平成二十九年十月

文庫版のための後記

西暦一〇〇二年頃に起稿されたという、原文だとなかなか頭には入り難い『源氏物語』を、たとえば円地文子《えんちふみこ》氏の現代語訳版で読んでみると、恐れ入ったエロ文学だと解る。と同時に、わが国のありがたさが、しみじみ痛感されもする。

いま、西暦二〇二〇年にもなるのに、儒教圏では、基本的にエロ文学は「御禁制」だ。個人は、アンダーグラウンドで触法的にしか、そのような表現に関われないのだ。映像表現もご同様であって、たとえば台湾は儒教圏の中では比較的に取締りは緩い国だけれども、ゲリラ的に流通することのあるアダルト動画コンテンツ群の質・量・多様性のいずれも、「JAV」（海外で日本製アダルト動画を呼ぶ通称）には遠く及ばない。韓国に至っては、公的にポルノ映画など存在もしないことにされている。

浙江《せっこう》省の非エリート層から身を起こし、一代にして「アリババ」帝国を築き上げ、アジア一の富豪にまでのし上がったジャック・マーこと馬雲《ばうん》氏は、二〇一九年の五十五歳の誕生日に、中国共産党の圧力で会長職を強制引退させられてしまった。じぶんが苦労して育てた企業集団の経営権が事実上、専制政府に「公収」されたわけである。いくら巨億のカネを手にしても、生まれた国次第では、自由は決して買えないという、これも悲惨な見本だろう。

香港映画を出発点にして成功をおさめ、西側で顔を知られるようになったリッチな有名俳優たちも、香港に対する北京政府の弾圧政策を非難する声はあげることができない。演技や表現の自由どころか、個人としての意見発表すら、北京政府をはばかって自主規制するしかない立場を彼らは深く了解していて、むしろ北京政府の覚えがめでたくなるようなパフォーマンス選びに、脳髄を絞る日々なのだ。

わが国と儒教圏との、かくまで圧倒的な「自由」の落差をもたらしたものも、つきつめると「地政学」に他ならない。

あたりまえのように存在しているものを、人は、意識的に感得することができない。光源氏は、どうして十七歳にして「中将」、二十二歳にして「大将」の公式階級を名乗り、辺境軍備の心配など何もしないで一生を送ることがゆるされたのか。『史記』の愛読者だった作者の紫式部《むらさきしきぶ》も、そこは説明の必要は無いと考えることができた。

個人の自由を担保するのは国家である。その国家のキャラクターは、地政学的条件が決めてしまう。われわれが自由なのは、われわれがすぐれているからではないのだ。

気候が変動し、あるいはスマートフォンの普及が各国女性の合計特殊出生率を劇的に下げたりすると、わが国をめぐる地政学的な所与条件ももう、以前と同じではなくなるだろう。

だから、わたしたちがこれからも、不自由な儒教圏人のようになりたくないのであれば、地政学を意識することが、有益であるに違いない。

このたびの文庫化にさいしましては、祥伝社の黄金文庫編集部にひとかたならずお世話になりました。末筆ながら、深く御礼を申しあげます。

令和二年二月　　著者　しるす

本書は、２０１７年11月、小社から単行本で刊行された『日本史の謎は地政学で解ける』を加筆・修正し、文庫化したものです。

一〇〇字書評

切り取り線

購買動機（新聞、雑誌名を記入するか、あるいは○をつけてください）

□（　　　　　　　）の広告を見て	
□（　　　　　　　）の書評を見て	
□ 知人のすすめで	□ タイトルに惹かれて
□ カバーがよかったから	□ 内容が面白そうだから
□ 好きな作家だから	□ 好きな分野の本だから

●最近、最も感銘を受けた作品名をお書きください

●あなたのお好きな作家名をお書きください

●その他、ご要望がありましたらお書きください

住所	〒				
氏名		職業		年齢	
新刊情報等のパソコンメール配信を 希望する・しない	Eメール	※携帯には配信できません			

あなたにお願い

この本の感想を、編集部までお寄せいただけたらありがたく存じます。今後の企画の参考にさせていただきます。Eメールでも結構です。

いただいた「一〇〇字書評」は、新聞・雑誌等に紹介させていただくことがあります。その場合はお礼として特製図書カードを差し上げます。

前ページの原稿用紙に書評をお書きの上、切り取り、左記までお送り下さい。宛先の住所は不要です。

なお、ご記入いただいたお名前、ご住所等は、書評紹介の事前了解、謝礼のお届けのためだけに利用し、そのほかの目的のために利用することはありません。

〒一〇一‐八七〇一
祥伝社黄金文庫編集長　萩原貞臣
☎〇三（三二六五）二〇八四
ohgon@shodensha.co.jp

祥伝社ホームページの「ブックレビュー」からも、書けるようになりました。

http://www.shodensha.co.jp/bookreview/

祥伝社黄金文庫

日本史《にほんし》の謎《なぞ》は地政学《ちせいがく》で解《と》ける

令和 2 年 2 月20日　初版第 1 刷発行

著　者　兵頭《ひょうどう》二十八《にそはち》
発行者　辻 浩明
発行所　祥伝社《しょうでんしゃ》
〒101－8701
東京都千代田区神田神保町 3－3
電話　03（3265）2084（編集部）
電話　03（3265）2081（販売部）
電話　03（3265）3622（業務部）
http://www.shodensha.co.jp/

印刷所　堀内印刷
製本所　ナショナル製本

Printed in Japan　©2020, Nisohachi Hyodo　ISBN978-4-396-31776-8 C0121

祥伝社黄金文庫

武光 誠
主役になり損ねた歴史人物100
信長を手こずらせた戦国最凶の奸物、日本唯一の黒人戦国武士――歴史の陰に、こんな面白い人物がいた！

武光 誠
七福神の謎77
どこから来たのか？　なぜ、宝船に乗っているのか？――ルーツと歴史を知って、七福神巡りへ出かけよう！

武光 誠
八百万《やおよろず》の神々の謎
狛犬はなぜ2つ？　ひとつの神社に複数の神様が祭られている理由は？――日本の神様について考察する。

中江克己
江戸の怪
八百八町 謎の事件簿

平賀源内が犯した殺人、将軍家治《いえはる》の毒殺、大奥での謎の血染め事件……江戸時代の奇怪な出来事の真相を追う！

中江克己
平安京の怨霊伝説
陰陽師たちが支配した京都

紫式部、清少納言の時代に起きた「物怪」「百鬼夜行」の数々！　華やかな平安の闇にひそむ怪異を垣間見る。

童門冬二
家康に訊《き》け！
人情通だからできた「非情の経営」

希代の国家経営者・家康は、組織を活性化し継続させるために何をしたのか。戦略と実践すべてが分かる一冊。

祥伝社黄金文庫

田中 聡

人物探訪 地図から消えた東京遺産

大隈重信と新橋ステーション、永井荷風と麻布・偏奇館……失われた名所で繰り広げられた数々のドラマ!

田中 聡
荒俣 宏/監修

伝説探訪 東京妖怪地図

番長皿屋敷の井戸、お岩稲荷、呪われた土地に建つ新都庁……現地取材と文献渉猟《しょうりょう》でもう一つの東京に迫る。

田中 聡

元祖探訪 東京ことはじめ
文明開化は銀座のあんぱんから始まった

とんかつ、人力車、料理学校、お子さまランチ、動物園……元祖を探ると日本近代化の道筋がよく見えてくる。

田中 聡

東京 花もうで 寺社めぐり

東京近郊の花自慢の神社仏閣の見どころや歴史、由来を解説。有名どころから隠れ名所まで75寺社&43種を紹介。

ひすいこたろう
白駒妃登美

人生に悩んだら「日本史」に聞こう

秀吉、松陰、龍馬……偉人たちの発想の転換力とは? 悩む前に読みたい、愛すべきご先祖様たちの人生訓。

白駒妃登美

愛されたい!なら日本史に聞こう
先人に学ぶ「賢者の選択」

坂本龍馬、真田《さなだ》幸村《ゆきむら》、豊臣秀吉、福澤《ふくざわ》諭吉《ゆきち》……。彼らが歴史に名を刻んだのは、男にも女にもモテたからだった!